赫尔墨斯国际前沿论文书系

主　　编　汝　信

副 主 编　金惠敏

策　　划　张云鹏

波德里亚：追思与展望

[美] 瑞安·毕晓普　道格拉斯·凯尔纳　等著
戴阿宝　译

河南大学出版社

图书在版编目(CIP)数据

波德里亚:追思与展望/(美)瑞安·毕晓普　道格拉斯·凯尔纳等著;戴阿宝译. —开封:河南大学出版社,2008.9
（赫尔墨斯国际前沿论文书系）
ISBN 978-7-81091-853-4

Ⅰ. 波… Ⅱ. 戴… Ⅲ. 波德里亚(1929～2007)－思想评论－文集 Ⅳ. B565.6－53

中国版本图书馆 CIP 数据核字(2008)第 029240 号

责任编辑　武新军
封面设计　马　龙

出　版	河南大学出版社
	地址:河南省开封市明伦街 85 号　邮编:475001
	电话:0378－2825001(营销部)　网址:www.hupress.com
排　版	郑州市今日文教印制有限公司
印　刷	河南第二新华印刷厂
版　次	2008 年 8 月第 1 版
印　次	2008 年 8 月第 1 次印刷
开　本	890mm×1240mm　1/32
印　张	5.625
字　数	117 千字
印　数	1－3000 册
定　价	14.00 元

(本书如有印装质量问题,请与河南大学出版社营销部联系调换)

总　　序

马克思曾批评旧哲学只是以不同的方式"解释世界",而不知道更重要的工作乃是"改变世界"。马克思主义哲学以其实践性品格而著称。

孔夫子的解释学亦侧重于学以致"用"的方面,例如说:"诵诗三百,授之以政,不达;使于四方,不能专对;虽多,亦奚以为?"显然,对他而言读诗的最高境界不在诗内而在诗外。

当代西方社会学家齐格蒙特·鲍曼描述说:如今人文知识分子已从过去的"立法者"蜕变为"解释者"。鲍曼将前者视为现代性,后者为后现代性。其价值倾向,这里不去究问。

因此,当我们将丛书定名为"赫尔墨斯"云云是否便意味着一个消极的和保守的计划呢?

赫尔墨斯,源出于古希腊神话,在他的诸多职能中,以作为神的信使最著名,因而"解释学"(hermeneutics)就是由他而来的。"在所有西方语言中,赫尔墨斯词源意味着:表达和辩术、转译和解释。"(贝尔纳·斯蒂格勒)

但是,我们所理解的"赫尔墨斯"却并不仅仅是"解释",或仅仅局限于不及物的"认识"。解释学有待于重新解释。

第一,"解释"本身其实就孕育着"改变"的种子。我们何以要解释?"解释"不是解释行为的目的。"解释"是去蔽,是揭开隐藏的真理,是神话中所谓的"传达神的旨意"。对世界的"改变"当依赖于先于对它的"解释"或"认识",因为毫无疑问,人是理性的动物。"解释"总是为"改变"构筑蓝图。"改变"自然也会反过来确认和修正"解释"。

第二,对于人文学者来说,其本职工作在于"解释",在于为最终的"改变世界"提供合乎真理的知识。一个人文学者固然可以带着他的知识去从事其他职业,去做觉醒了的浮士德,但他将不再是学者了。学者以学术为业,以学术向世界说话。在他,"言"即是"行",言行不二,以言行事。

因而我们的"赫尔墨斯"代表着坚守学术本位而又积极进取的入世态度。"解释世界"意在"改变世界",或者说,"改变世界"先已内在于而不是拘禁于"解释世界"。

进入新世纪,我们是愈益强烈地感受到全球化力量的冲击和挑战。《共产党宣言》所期待的"世界文学"虽未实现,远未实现,但已在缓缓地向我们逼近了。而倘若把"世界文学"视为一个过程,那么它实际上早已开始。全球化是一种变革性的力量,生活在变,知识在变,一切传统的东西都在经历着某种转型。

全球化对学术提出了更高的要求:要求超越民族之"片面性和局限性"的"世界文学"视野,要求解决世界共同问题的勇气和能力。我们无权选择"国际性",就像我们无权选择事实一样。"国内学术界"正在汇入"国际学术界"。"国际性"已表现为当前学术的一个基本事实。我们被裹挟于其中。我们只能向"国际前沿"走去。否则,便不得不接受被边缘化的命运。

丛书提出一个"论文书"的概念,是有针对性的。近些年,形式上的"厚""重""大"书很受追捧,而一些很有学术分量的论文却难以找到恰当的方式面世:杂志嫌它长,出版社嫌它短,科研管理部门嫌它是"论文(集)"而不是"专著"。异乎此,我们则坚信,要发展学术,首要的是从一篇篇的论文做起,然后庶可形成真正的大书。

设立在百年老校河南大学的"河南省高校人文重点学科开放研究中心",自建立之日起就以开放的姿态和视界开展学术活动、组织学术研究,近年来在海内外产生一定的影响。现在,中心主任张云鹏教授出于对学术发展大势的把握,以前瞻性的目光,又将这套以"赫尔墨斯"为宗旨的丛书列入中心的工作日程。丛书有了"家",有了"温暖",但也更有了不容懈怠的"责任"。我们组织者个人能力有限,惟望得到海内外学人的不吝支持。学术是大家的事业,远的说,也是全人类的事业。

我们不敢对丛书做过高的期许,但我们会以较高的标准要求丛书,以敬畏之心对待我们的学术事业。"只问耕耘,不问收获"。

是为序。

汝信 中国社会科学院学部委员、河南省高校人文重点学科开放研究中心学术委员会主任

2008年3月4日

目 录

总序(汝信) ………………………………………… (1)

让·波德里亚(1929—2007)(道格拉斯·凯尔纳)………(1)

关于波德里亚《论消失》的几点思考(道格拉斯·凯尔纳)………………………………………………… (32)

波德里亚、死亡与冷战理论(瑞安·毕晓普)……………(38)

亚利桑那自我中的东部时间:波德里亚论猿猴的行星(约翰·贝克) ………………………………………… (67)

让·波德里亚论人的目的(约翰·W P.菲利普斯)………(88)

波德里亚和邪恶精神(瑞安·毕晓普 约翰·菲利普斯)………………………………………………… (103)

拟真时代抵制意义:波德里亚的《仿像与拟真》(托尼·希)………………………………………………… (127)

天鹅之路:在超真实中关照自我(马克·波斯特)………(136)

译后记 …………………………………………… (173)

让·波德里亚(1929—2007)

道格拉斯·凯尔纳

2007年3月6日,让·波德里亚在与癌症长期抗争之后在巴黎病逝,享年77岁。由于波德里亚与后现代主义和后结构主义理论的联系,很难将他置于传统社会学和社会理论的关系中①。他的研究包括哲学、社会理论以及极具个人色彩的文化形而上学,其思考点落在具有时代征候的重大事件上,对当代的社会、文化和思想提出了尖锐批判。尽管波德里亚还可以作为这样一位思想家来阅读,即他以独创的和颇具争议的方式把理论与社会的和文化的批判结合起来,发展出属于自己的写作风格和形式,但他通常被视为法国后现代理论的一位重要的精神领袖。他是一位极其多产的写作者,出版了超过50部著作,对当代最重大的文化和社会现象做出评论,包括全新的后现代消费、媒介和高技术社会中的性别、种族和阶级差异的抹擦,艺术和美学角色的变换,政治、文化和人类的根本性改变,新媒介、信息和控制技术在构造一个不同质的社会秩序时的影响,对人类和社会生活的基础性变革的促进等。

早期写作:从《物品系统》到《生产之镜》

让·波德里亚于1929年出生在法国的一个天主教城镇兰斯(Reims)。他曾对采访者谈起,他的祖父母是农民,他的父母成为城镇居民(Gane,2000)。波德里亚还自称他是家中第一个接受高等教育的成员,这导致了他与父母在文化背景上的差异。

---

① 关于我较早时期的波德里亚研究,参见凯尔纳1998a;贝斯特和凯尔纳1991;凯尔纳1994和1995,第八章;以及贝斯特和凯尔纳1997,第三章。

1956年，波德里亚开始作为一名中等教育的教师在法国的一所高级中学(大学预科[Lycee])工作。60年代早期，他在法国的赛依(Seuil)出版社做过编辑。波德里亚最初是一位德意志文学专家，1962—1963年期间，他在《现时代》(Les Temps Modernes)杂志上发表了一系列关于文学的文章，并且把彼得·韦思(Peter Weiss)和贝托特·布莱希特(Bertolt Brecht)的作品以及一部由魏海姆·穆尔曼(Wilhelm Muhlmann)写作的关于弥赛亚革命运动的著作翻译成法文。在这一时期，他阅读和研究了亨利·列斐伏尔(Henri Lefebvre)和罗兰·巴特(Roland Barthes)的著作，前者的日常生活批判给他以深刻的印象，后者对当代社会的符号学分析持久地影响了他的研究。

1966年，波德里亚进入南特的巴黎大学，成为列斐伏尔的助手，在此期间，他研究了语言学、哲学、社会学和其他学科。也是在1966年的南特，他以博士论文《物品系统》(Le Systeme de Objets)为他的社会学"第三周期的论题"(These de Troisieme Cycle)辩护，并在同年10月开始在南特教授社会学。为了反对法国和美国对阿尔及利亚和越南的侵略战争，波德里亚在60年代与法国左翼建立了联系。南特是一个激进政治的大本营，与丹尼尔·科恩—恩邦迪(Daniel Cohn-Bendit)和疯人派(Enraqees)相关的"3·22运动"开始于南特社会学系。波德里亚后来说过，他参与了1968年5月的事件，这一事件导致了大规模的学生运动和一次总罢工，几乎是促使了戴高乐的倒台。

20世纪60年代后期，波德里亚开始出版最终使他享誉世界的一系列著作。由于受到列斐伏尔、巴特和其他法国思想家的影响——这些影响将在下面加以讨论,波德里亚从60年代开始专心研究社会理论、符号学和精神分析,1968年(1996年英文版)出版了他的第一部著作《物品系统》(The System of Objects),随后在1970年(1998年英文版)出版了《消费社会》(The Consumer Society),1972年(1981年英文版)出版了《符号政治经济学批判》(For A Critique of the Political Economy of the Sign)。这些早期的出版物,在批判社会学的框架之内,尝试着把列斐伏尔1947年开创的日常生活研究与研究社会生活中符号生命的社会符号学结合起来。受到巴特的影响,这一研究集中于消费社会(他的前两部书的焦点)中的物品系统以及政治经济学和符号学(他的第三部著作的核心)之间的联系。波德里亚的早期著作最早运用符号学来分析物品是如何被构造为当代媒介和消费社会的符号和意义的系统编码的。把符号学、马克思政治经济学和消费社会社会学结合起来,波德里亚开始了他生命中漫长的探索构造我们日常生活的物品和符号系统的工作。

早期的波德里亚,描述日常生活中物品的意义(比如通过一个人驾驶的汽车识别他的权力),描述在新的现代社会里组织物品的结构系统(比如新赛车的魅力或符号价值)。在他的前三部著作中,波德里亚指出,传统的马克思政治经济学批判需要由关于符号的符号学理论来补充,符号学理论使得能指(如语言)所指涉的不同意义在意义系统中相互关联。继巴特和其他人之后,波德里亚主张,时尚、运动、媒介和其他的表意模式还生产具有特殊规则、代码和逻辑的意义系统（波德里亚在某种相互关联中使用这些术语，下面有更详尽的说明）。

把符号和日常生活的分析置于一个历史框架之下，波德里亚指出，从早期市场竞争资本主义阶段到垄断资本主义阶段的过渡，需要持续关注需求的调控、消费的扩大和引导。在这一历史阶段，大约从 20 世纪 20 年代到 60 年代，提高需求这样的要求增加了对降低生产成本和扩大生产的关注。在资本主义发展的这一阶段，经济规模、新的生产技术和新技术的发展，增强了大规模生产的能力；资本主义企业把注意力日益集中于消费的管理和创造新的有魅力的产品，生产出波德里亚称之为的"符号价值"。

据波德里亚分析，广告、包装、展览、时尚、"解放了"的性、大众媒介和文化、商品的激增，符号和景观数量的扩大，导致了"符号价值"的迅速增值。因此，波德里亚争辩说，商品不仅如马克思的商品理论所说的，以使用价值和交换价值为其特征，而且符号价值——风格、声誉、奢侈、权力等的表达和标志——成为了一种持续增长的商品和消费的重要部分。

从这一视角出发，波德里亚宣称，商品的买卖和展览，其符号价值如同使用价值，符号价值已经成为消费社会的商品和消费的基础性构成部分。这一立场是受维布伦（Veblen）的"炫耀性消费"概念和《有闲阶级理论》（*Theory of the Leisure Class*，1994）中对商品展示分析的影响，波德里亚认为，这一现象已经在消费中扩展到每一个人。对于波德里亚来说，整个社会围绕消费和商品展示组织起来，通过这一途径，个人获得声誉、身份和地位。在这一系统中,一个人的商品(房屋、汽车、服装等)越高级,他在符号价值王国中的地位就越高。正如词语表达意义是根据它们在不同的语言系统中的位置一样,符号价值表达意义同样是根据它们在不同的声誉和地位系统中所处的位置。

在《消费社会》(*The Consumer Society*,1998)一书中,通过赞美针对社会规范、炫耀性消费和遵奉习俗者的思想和行为的"多种拒绝形式",波德里亚总结道,所有这一切都在"激进变革的实践"中被整合在一起(1998:183)。波德里亚在这里暗示一种期待,"猛烈爆发和突然失衡的到来,如同不可预见但确切无疑的68年5月,毁灭了这一真诚的(消费)大众"(1998:196)。另一方面,波德里亚还描述了这样一个场景,异化是如此地总体化,以至于它无法被超越,因为"它成为市场化社会的结构"(1998:190)。他的观点是,社会里的一切都成为商品,都可以买卖,异化是总体性的。确实,"异化"一词最初是指"出售",在一个总体商品化的社会里,一切都成为商品,异化无处不在。再有,波德里亚提出"超验的终结"(一个从马尔库塞那里借用的术语),在此,个人既无法体察自身真实的需求,也无法体察其他的生活方式(1998:190ff)。

到1970年,波德里亚已经把自己与马克思的革命理论区分开来,假定了在一种"无法预见但确定的"形式中抵抗消费社会的可能性。在60年代后期,波德里亚加入到一群围绕在《乌托邦》杂志周围的知识分子中间(参见 Baudrillard,2006),探寻克服学科界限,以及依据居伊·德波(Guy Debord,1970)和情境主义国际(Situationist International)的精神把不同的社会、建筑和日常生活方式结合起来思考。通过在建筑、城市规划、文化批判和社会理论的边缘使个体聚集起来,波德里亚和他的合作者们把自身同其他的政治和理论团体分离开来,在已经建立的学科和政治倾向的界限之外,发展出一种极具个人风格和边缘化的话语。这一与《乌托邦》的联系只持续到70年代早期,但是它或许帮助波德里亚产生了一种在边缘从事研究的欲望,一种远离主流和新潮、构建自我的理论立场的欲望。

在某种意义上,法兰克福学派描述了个体是如何被统治机器和思想模式加以控制的,与此相比,波德里亚的研究可以被解读为是对物化和社会控制的更进一步的论述(Kellner,1986b)。波德里亚超越法兰克福学派,把有关符号的符号学理论应用于描述商品、媒介和技术,描述它们是如何提供了一种普遍的幻觉和想像,在这里,通过消费价值、媒介意识形态和角色模式以及如提供赛博空间世界的计算机这样的诱惑性技术,个体成为一种超级权力。最终,波德里亚从他对符号和物品系统控制的分析中引出一个悲观主义的结论,他总结说,法兰克福学派所勾勒的"个体终结"的主题,通过物品在总体上战胜人类主体,已经达到了它的目的(参见下面)。

然而,比起法兰克福学派把消费一般性地描述为社会整合的被动模式,波德里亚的部分写作拥有某种更为积极的消费理论。相比而言,在波德里亚的早期写作中,消费本身是一种劳动,"一种积极的符号经营",一种把自身置于消费社会的方法,通过劳动区分自我与他者。然而,这一积极的符号经营不等同于假定一个积极的人类主体的存在,他可以抵抗、重新定义或生产自身的符号,因此,波德里亚没有成功地建构出真正的能动理论,尽管在他的一生中,他始终保持一种胜利者的姿态,一种反叛消费和媒介社会的姿态。

波德里亚最初的三部著作可以在新马克思主义批判资本主义社会的框架内来阅读。你或许把波德里亚对消费的强调作为对马克思分析生产的一种补充,而把他对文化和符号的强调作为对传统的马克思政治经济学的一个重要补充,为马克思的工程添加了一个文化和符号的维度。但是,波德里亚在1973年的《生产之镜》(*The Mirror of Production*,1975年被译成英文)一书中发起挑战,对传统马克思主义进行了系统的抨击,宣称马克思主义仅仅是资产阶级社会的一面镜子,把生产放在生活的中心,从而把资本主义社会结构自然化了。

尽管在60年代波德里亚参与了1968年5月的重大事件,并与革命左派和马克思主义结合起来,但是在70年代早期已经与马克思主义决裂,与同一代的其他人拉开距离,只不过还一直保持激进的政治态度。如同许多左派人士一样,波德里亚失望于法国共产党没有支持激进的60年代的运动,他对官方马克思主义理论家,如路易斯·阿尔都塞(Louis Althusser),也不信任,他发现了阿尔都塞的教条和抽象。结果,波德里亚开始对马克思主义进行激烈的批判,这一点被他的同时代的许多人所重复,也带来了后现代转向(参见 Best 和 Kellner,1991 和 1997)。

波德里亚(1975)提出,首先,马克思主义不适合阐释前现代社会,该社会是围绕宗教、神话和原始组织建立起来的,而不是生产性的。他还提出,马克思主义没有提供一个对资本主义社会的非常激进的批判,没有提供可选择的批判话语和视角。在这一阶段,波德里亚转向人类学来观照前现代社会,以寻找更多的获得解放的选择性线索。然而,要强调指出的是,对马克思主义的这一批判来自左翼,他们认为马克思主义对围绕生产组织起来的当代资本主义或共产主义社会没有提供一个到位的激进的批判或选择。波德里亚总结说,法国共产党不支持68年5月的运动,这部分地源于保守主义,而其根源在于马克思主义本身。因此,波德里亚和他的一些同龄人开始探索其他的批判的和政治的立场。

象征性交换和后现代突变

《生产之镜》和他的接下来的《象征性交换与死亡》(1976,其主要文本最终在1993年译成英文),试图提供一个非传统视角,以克服经济学意义上的马克思主义传统——把经济领域置于优先地位——的局限性。在20世纪70年代中期的研究中,波德里亚使自己摆脱了耳熟能详的马克思的生产和阶级斗争的普遍性原理,开始形成一种非常不同的新贵族式的和形而上学的世界观。波德里亚似乎假定在这一点上前资本主义社会已经被象征性交换所统治,类似于巴塔耶(Bataille)的一般经济学观念。受莫斯(Mauss)的礼物和反礼物理论的影响,波德里亚认为,前资本主义社会是受象征性交换统治的,而不是受生产和有用性法则统治的。通过发挥这些思想,波德里亚在象征型社会(比如社会基本上是围绕前现代交换建立起来的)和生产型社会(比如社会是围绕生产和商品交换建立起来的)之间勾勒出一条基础性的历史分界线。由此,他反对马克思的历史哲学,即把生产置于整个社会的首位;反对马克思的社会主义概念,认为它并没有从根本上与资本主义的生产主义决裂,仅仅是把它自身作为一个更加有效的和公平的生产结构,而不是一个具有完全不同的价值和文化、完全不同的生活方式的社会形式。

因此,波德里亚以某种方式把他的象征性交换理想与生产价值、有用性和统治资本主义(和社会主义)社会的工具理性对立起来,"象征性交换"显现为波德里亚对资本主义社会的价值和实践的"革命性"替代,表征了 70 年代他写作中的多种异质性活动。比如,他在《批判》(*Critique*)中写道:"外部交流,礼品来往,如同人呼吸空气。这是交换、挥霍、节庆的新陈代谢——同时也是破坏的新陈代谢(回到生产所建立、维持的非价值)。在这一领域,价值甚至没有被认识。"(1981:207)他还在《生产之镜》中描述了象征性交换,他写道:"象征性的社会关系是一种给予和收取的不间断循环,在原始交换中,包括'剩余物'的消费和故意的反生产。"(1975:143)所以,这一术语意指象征的或文化的活动,不是专门用于资本主义的生产和积累,它潜在地构成了对生产型社会的"激进的否定"。

为了反对现代思想和社会的组织形式,波德里亚推出象征性交换作为一种选择。为了反对生产价值和意义的现代要求,波德里亚把莫斯的礼物交换、索绪尔的字谜以及弗洛伊德的死欲概念作为例子,促使它们的毁灭和消失。在所有的这些例证中,存在与(物品、意义和力比多能量的)交换形式的断裂,存在从生产、资本主义、理性和意义的逃脱。波德里亚的象征性交换这一矛盾概念,可以被解释为把自我从现代立场中解放出来的欲望的表达,以及探索现代社会之外的革命立场。波德里亚拥护现代价值的毁灭和消失。

在70年代类似的研究中,波德里亚设置了另一条历史分界线,如同在前现代象征型社会和现代社会之间的断裂一样激进。在传统的社会理论模式中,他系统地阐明了围绕象征性交换组织起来的前现代社会、围绕生产组织起来的现代社会,以及围绕"拟真"组织起来的后现代社会之间的区别。通过拟真,他意指在电视、计算机赛博空间和虚拟现实中"拟真"现实的文化再现模式。在组织现代社会的生产方式和有用性与他所确信的作为后现代社会的组织形式的拟真方式之间,波德里亚的区分提出现代和后现代社会之间的断裂,其断裂程度如同现代和前现代社会之间一样巨大。在把极其重要的后现代与现代断裂加以理论化时,波德里亚宣称"政治经济学终结了",生产作为组织社会的形式终结了。追随马克思时,波德里亚认为,这一现代阶段是资本主义和资产阶级的时代,在这里,工人被资本所剥削,并且焕发出反抗的革命力量。现在,波德里亚宣称,政治经济学终结了、马克思的论题终结了,现代性自身终结了:

> 劳动终结了。生产终结了。政治经济学终结了。促进知识和意义凝聚的、叠合话语的线性语段的能指/所指的辩证法终结了。同时,使积累和社会生产成为可能的唯一的交换价值/使用价值的辩证法终结了。话语的线性维度终结了。商品的线性维度终结了。符号的古典时代终结了。生产的时代终结了。(Baudrillarrd,1993a:8)

"终结"这一话语意指他所宣称的历史性的后现代断裂或中止。波德里亚指出,我们眼下正处于新的拟真时代,在这里,社会再生产(信息处理、交流和知识工业等)代替生产作为组织社会的形式。在此期间,劳动不再是生产力,它本身成为"多种符号之一种"(1993a:10)。劳动不再是这一状况下的基础性生产,而是人的社会立场、生活方式和奴役方式的符号。工资也与人的劳作构不成合理的关系,人所生产的只是他在这一系统中的地位(1993a:19ff)。关键的是,政治经济学不再是基础、社会的决定因素,甚至不再是结构的"现实",其他现象可以在其中获得理解和解释(31ff)。我们生活在拟真的"超真实"中,其中的形象、景观和符号游戏代替了生产和阶级对抗的概念,成为当代社会的至关重要的组成部分。

从现在起,资本和政治经济学从波德里亚的故事中消失了,或以一种激进的新形式回来了。因此,符号和代码在不断扩展和螺旋式循环中扩大和生产了其他符号和新的符号机器。于是,在这一故事中,技术代替资本,semiurgy①(波德里亚翻译为图像、信息和符号的扩张)代替生产。《象征性交换与死亡》和接下来的《拟真和仿像》(Sumulation and Simulacra,1994[1981法文版])都阐明了在现代和后现代社会之间基础性断裂的原则,标志着波德里亚与有争议的现代社会理论的脱离。对于波德里亚来说,现代社会是围绕商品的生产和消费组织起来的,后现代社会是围绕拟真以及图像和符号的作用而组织起来的,它表征这样一种局面,即代码、模型和符号是拟真所统治的新社会秩序的组织形式。在拟真社会里,身份是通过图像的使用来建构的,代码和模型决定个体如何观察自身以及与其他人的联系。经济、政治、社会生活和文化,所有的一切都被拟真模型所控制,借此,代码和模型决定物品是如何消费和利用的,政治是如何展开的,文化是如何生产和消费的,日常生活是如何存在的。

波德里亚的后现代世界还是一种激进的内爆形式,在这里,社会阶级、性别和政治差异以及昔日的社会和文化的自主王国,如今坍塌进入彼此,抹擦掉了先前固有的界限和差别。对于古典社会理论来说,如果现代社会是以差异为特征的话,对于波德里亚来说,后现代社会则是以去差异或内爆为特征的。在波德里亚的拟真理论中,经济、政治、文化、性别和社会的王国,所有的一切

---

① 这是一个波德里亚根据"符号学"和"冶金术"创造的新词,以解释当社会从工业经济转入后工业经济时,传播符号、信息和图像的媒介技术的扩张。这也标志着他从政治经济学向由符号交换而不是货品交换主导的世界的转换。——编者注。

都内爆。在这一内爆的混合物中,经济从根本上被文化、政治和其他领域改造了,曾经处于潜在的差异和对立领域的艺术也被吸纳到经济和政治中来,而性别无处不在。在这一状况里,社会理论曾关注的社会和先前的界限、结构在迅速变革中瓦解,个体和群体的差异内爆了。

此外,波德里亚的后现代领域是超真实之一种,在此,消遣、信息和交流技术以及构造日常生活的代码和模型,提供了比平庸的日常生活景观更集中、更复杂的经验。超真实王国(比如对现实的媒介拟真、迪士尼和趣味公园、超级购物中心和消费乐园、TV运动和其他的进入理想之地的旅行)比真实更加真实,其中的超真实的模型、图像和代码开始控制思想和行为。然而在非线性世界里,结论本身是靠碰运气的,它不可能在这样一个场合里绘制出偶然的机制,个体在其中要面对势不可挡的图像、代码和模型的潮流,其中的任何一项都可以塑造个体的思想或行为。

在后现代世界,为了获得超真实狂喜以及计算机、媒介和技术体验的新天地,个体从"真实的沙漠"里逃出。在这一世界里,主体性是破碎的和丧失的,一种新的体验领域显现出来,对于波德里亚来说,它导致先前的社会理论和政治的沦落和无关紧要。追溯今日社会里主体的变化,波德里亚宣称,当代主体不再受现代病理学比如歇斯底里或偏执狂的折磨,他存在于"一种恐惧的状态,其特点是精神分裂症,所有事物的超级接近,所有事物的不正当混杂,它们对他的困扰和穿透没有遇到任何阻力,他没有光环、辉光、甚至没有自己身体的辉光来保护自己。患者不顾及本人地向一切敞开,在最极度的混乱中生存"(1988:27)。对于波德里亚来说,"交流的狂喜"意味着在一个过度暴露和透明的世界里,主体近距离接触瞬间的图像和信息。在这一处境中,主体"成为一块纯粹的荧屏,一个纯粹的进入网络的吸收和再吸收的表面"(1988:27)。

于是,波德里亚的拟真、内爆和超真实概念结合起来创造了一种全新的后现代状况,它需要理论和政治的全新模式来描述和回应这一当代新变。他的风格和写作策略还是内爆式的,把明显不同领域的物质结合起来,在抹去所有学科界限的后现代理论的创新模式中,用大众媒介和大众文化的事例来加以装饰。他的写作本身试图拟真这一新状况,通过对语言和理论的创造性利用来捕捉它的新奇之处。对于波德里亚来说,对当代理论的根本性追问和对新理论策略的需求,通过当代的激进变革而加以合理化了。

比如,波德里亚宣称,现代性以再现模式运作,其中,思想再现现实和真实,这样的概念是现代理论的关键性的先决条件。后现代社会外爆这一认识,它创造这样一种境况,即主体与真实失去联系,变成分散的碎片。这一境况预示着以主体和客体辩证法为内容的、主体被假定再现和控制客体的现代理论的终结。在现代哲学的故事中,哲学主体试图弄清现实的本质,确保知识的可信,并且应用这一知识去控制和主导客体(比如自然、他人、思想等等)。波德里亚在这里追随后结构主义方法,即思想和话语不再可能确保固定于先在或优先的"真实"结构里。针对现代理论的再现模式,法国思想,尤其是一些解构主义者(罗蒂的"充分的文本主义者"),引入文本游戏和话语游戏,所谓的文本游戏和话语游戏就是指向其他文本或话语,在此,"真实"或"外在"被放逐到怀旧的王国里去了。

以相似的方式,作为一位"充分的仿像主义者",波德里亚宣称在媒介和消费社会里,人们被图像、景观和仿像所追逐,与外界、与外在"真实"的联系越来越少,以至于达到这样的一个程度,即社会、政治、甚或"真实"这样的概念似乎不再有任何意义。麻醉和催眠(波德里亚的隐喻)渗透于意识,使其处于对媒介和奇观的痴迷状态,意义这一概念本身(依赖于稳定的界限、固定的结构、一致的意见)消失了。在这一令人担忧的和新奇的后现代境况中,参照物,背后和外在,以及深度、本质和现实,所有这一切都消失了;伴随它们的消失,所有潜在的对立的可能性也消失了。随着拟真的扩张,它们达到仅指自身的程度:镜像嘉年华,它所反映的图像脱胎于无所不在的电视、电脑显示器和意识屏幕等其他镜像,反过来使图像指向它先前的同样是由拟真镜像生产的图库。在拟真的世界里,"大众"沐浴在没有信义或意义的媒介信息中,这是一个大众的时代,阶级消失了,政治死亡了,异化、解放和革命的宏大梦想也都烟消云散了。

波德里亚宣称,大众由此寻求的是奇观而不是意义。他们内爆为"沉默的大多数",表征着"社会的终结"(1983b)。波德里亚暗示,当意义、阶级和差异内爆为无差异的"黑洞"时,社会理论失去了它的对象。在社会集团和意识形态之间的固有差异内爆了,并且具体的面对面的社会关系萎缩了,个体消失于拟真世界——媒介、电脑、虚拟现实本身。当激进的政治失去它的主体和力量时,社会理论本身也就失去了它的对象。

因此,波德里亚宣称,在他的轨迹的这一点上(比如70年代后期和80年代早期),对于意义和大众参与的拒绝是一种抵制形式。在怀旧和虚无主义之间走游,使得波德里亚迅速清除了现代思想(比如主体、意义、真理、现实、社会、社会主义和解放),肯定了象征性交换模式,这一模式明显表现出返回到前现代文化形式的怀旧欲望。这一对真正的革命性选择的极度探索在80年代早期就被放弃了。因此,他在描绘思想和行为的可替代模式与放弃对政治和社会变革的探索之间的游移中,发展出更加新奇的当代视角。

从某种意义上说,波德里亚对历史唯物主义进行了戏仿性攻击。在马克思强调政治经济学和经济基础之处,对于波德里亚来说,正是模型、上层建筑在他所称之为"政治经济学终结"(1993a)的境况中生成真实。波德里亚指出,符号价值支配使用价值和交换价值;需要的物质化和服务于需要的商品使用价值,消失在波德里亚的符号学想象中,在那里,符号超越真实并重构人类生活。通过把马克思主义范畴倒转过来反对自身,大众吸收了阶级,实践主体被消解,而客体开始统治人类。革命被批判的客体所吸纳,而技术内爆在历史生产的断裂中代替了社会主义革命。在波德里亚看来,与马克思相反,现代性的灾难和后现代性的腐朽是由技术的发展和图像、奇观、虚构新王国的生成所生产的。结果,波德里亚以符号理想主义和技术决定论的形式,即符号和图像削弱了图像和真实、幻觉和现实之间的差别,取代了马克思的坚硬的经济和社会决定论,即对经济维度、阶级斗争和人类实践的强调。这一主题在他后来的研究中得到不断的发展。

于是,波德里亚总结说,"灾难已经发生"。现代性和现代理论的毁灭,正如他在70年代中期所指出的,已经被资本主义社会自身的发展所完成,现代性已经消失,而一个新的社会境况登上舞台。为了反对传统的反抗和革命的策略,波德里亚开始经营他所称之为的"致命的策略",即在瓦解或颠倒的希望中把系统价值推向极端,最终采取一种高度讽刺性的形而上学话语形式,放弃解放的和组织化的政治。

波德里亚的挑战和80年代的形而上学转向

波德里亚的思想从70年代到当下一直在自己的理论轨道上运行,针对不同学科的一系列理论提出挑战。在80年代,波德里亚写于70年代的主要著作开始被翻译成多种文字,而80年代写作的新书也陆续在短时期内被翻译为英文和其他的主要语言,这一过程在他生命的其余时间也会继续下去。结果,波德里亚作为大师级的后现代思想家之一、作为后现代转向的主要化身之一,闻名于世。波德里亚成为学术名家后,周游世界,推进研究,赢得了大量的追随者,尽管这些追随者更多地是在学术理论领域之外而不是他自己的社会学学科之内。

在波德里亚的研究变得非常普及之时,他自己的写作却越来越艰涩。1979年,波德里亚出版《诱惑》(*Seduction*,1990),这一颇为难读的文本表明了他的思想的重要转向。这本书标志一个转折点,从他早期著作中的社会学话语到更加哲学化和文学化话语的转变。在《象征性交换与死亡》(*Symbolic Exchange and Death*,1993a[1976年法文版])里,波德里亚把超革命视角描述为激进的选择、把象征性交换作为他的理想,与此相反,现在的他把诱惑作为对生产和相互交流的替代性选择。然而,诱惑并没有削弱、颠覆或转化现存的社会关系和机制,而是一种软性的替代,一场与表象的游戏,一场与女性主义的游戏,一种激起尖锐批评性回应的挑衅,但也是一种捍卫(参见 Grace,2000)。

波德里亚的诱惑概念具有个人气质,是与符号的游戏,符号把诱惑作为一种贵族化的"符号和仪式的秩序",以对抗资产阶级的生产理想,在提倡技艺、表象、游戏中挑战濒死的严酷的生产力。波德里亚把诱惑初步解释为一种仪式和游戏,具有自身的规则、魅力、承担和吸引力。他的写作在这一点上变为新贵族式的审美主义,献身于风格化的思想和写作模式,展现了一系列范畴——可逆性、挑战、斗争——它把波德里亚的思想移向贵族审美主义和形而上学。

波德里亚的形而上学沉思在《致命的策略》(*Fatal Strategies*,1983,翻译于1990年)中明显扩展,这是他的学术历程的另一个转折点。这一文本呈现为一个奇异的形而上学构想,指涉在客体世界"猥亵的"扩张之内客体战胜主体,这完全在控制之外,以至于它超越了所有对它的理解、概念化和控制的企图。他的构想关注于客体战胜主体和客体获得最终胜利的扩展和不断增长的霸权。在关于《狂喜与惰性》(Ecstasy and Inertia)的讨论中，波德里亚分析了在当代社会客体和事件如何不断地超越自身，不断地在力量上增强和扩大。客体的"狂喜"使它们扩张和拓展到第N级，到最高级；狂喜已经超出自身之外：美人之美超过时尚之美，真实之真超过电视之真，性之性感超过色情描写。因此，狂喜是猥亵（绝对清楚，没有隐藏）的形式，也是波德里亚较早时曾在另一层面描述过的超真实形式的加倍和强化。他的当代社会视角展示出一种增长和多余的倾斜，拓展和分泌出更多的物品、服务、信息、预测或需求——在无法控制的发展和回应的螺旋式盘旋中，超出了所有的合理的目的和界限。

然而，波德里亚表明，生长、加速和增殖已经达到了这样的极致，惰性伴随多余的狂喜。因为当社会饱和达到临界线时，它将内爆并出现混乱。这一过程展现了主体的灾难，因为不仅客体世界的加速和增殖加剧了机遇和非确定性的运气的程度，而且客体本身在"冷酷的"灾难中掌控消耗殆尽的主体，主体对客体作用的着迷转向漠然、麻木和混乱的惰性。

回首过去，客体世界不断增长的力量超过主体，从一开始，这就是波德里亚的主题，并且在他的研究中呈现出基本的连续性。在早期写作中，他探索了消费社会里商品迷惑个体的方式，以及货品世界通过符号价值和代码力量假设的新的和更高的价值方式，它们是物品世界的一部分，也是客体系统的一部分。他对马克思主义的反动受到这样一种信念的支持,即符号价值和代码比起政治经济学的传统元素,比如交换价值、使用价值、生产等,在构造当代社会时更为具有基础性。于是,对于媒介的沉思进入到他的思考的最重要位置:电视客体在波德里亚早期思想中处于家庭的中心,而媒介、拟真、超真实和内爆最终抹擦了私人和公众、内在与外在、媒介与现实之间的界限。因此,在客体世界里的一切都是公共的、透明的、出神的和超真实的,随着岁月的流逝,它获得了迷恋和诱惑。

在80年代,波德里亚提出"内在的颠倒"(immanent reversal),一种突变或意义和功效的反向作用,在此,物品转变为它们的对立面。根据波德里亚的想法,生产型社会被超越而进入拟真和诱惑;被福柯理论化的全景敞视的和压抑的力量转变为媒介和信息社会的愤世和诱惑的力量;60年代捍卫的自由成为自愿奴役的形式;统治权已经从主体一边向客体一边过渡;革命和解放已经转向它们的反面,在系统逻辑中越来越诱惑人们,使个体陷入拟真和虚拟的秩序。波德里亚的"内在的颠倒"概念提供了一种与霍克海默和阿多诺的《启蒙辩证法》(*Dialectic of Enlightenment*,1972〔1947年德文版〕)相反的形式,在此,一切都成为它的对立面。对于阿多诺和霍克海默来说,在组织化和高技术化的资本主义转换中,启蒙模式成为支配力量,文化成为文化工业,民主成为一种大众解放的形式,科学和技术成为社会支配工具的关键部分。

后期波德里亚:独立知识分子和社会学观察者

因循颠倒的概念和矛盾而隐秘的形而上学,波德里亚以这一视角进入90年代,他的思想变得越发神秘、破碎和艰涩。在这一个十年里,波德里亚继续扮演学术和媒介的超级明星的角色,周游列国,讲演和促发知识事件。他的一些经历被记录在他的格言集里:《冷静的记忆》(Cool Memories,1990)、《冷静的记忆(二)》(Cool Menories II,1996a)、《碎片,冷静的记忆(三),1990－1995》(Fragments, Cool Memories III, 1990 － 1995;1997[1995年法文版])、《冷静的记忆(四),1995－2000》(Cool Memries IV, 1995－2000;2003[2000年法文版])和《冷静的记忆(五),1995－2000》(Cool Memories V, 1995－2000,2003[2000年法文版]),它们呈现出一种循环的完成。这些文本把他对旅行和经历的思考与他的(经常再循环的)思想和观察的发展结合起来。波德里亚的碎片式日记经常提供他的个人生活和心理洞见的展示,也提供生成和表征他的某些思想的经历和景观的记录。在经常重复之时,他的"冷静的记忆"系列提供了直接进入他这个人和他的思想的路径,同时也证明他作为一个全球化时代周游世界的知识分子中的超级明星,他的每一篇日记都值得出版和关注。

1987年从南特大学退休后,波德里亚继续作为一位独立知识分子在发挥作用,他自己投身于对我们当下的思考以及对社会学和哲学的沉思，这培养了他的不拘一格和不断更新的理论。从1987年6月到1997年5月，他在巴黎的《解放》日报上发表了针对这一时期的事件和现象的思考，这一系列写作结集为《从荧屏向外看》(Screened Out, 2002 [2000年法文版])，这本书提供了他后来著作阐发的有关思想实验的路径。

波德里亚从社会学系退休似乎解放了他的哲学冲动。在日记集和时常涉足的当时诸问题外，波德里亚还发表了一系列更加哲学化和晦涩的理论文本。从90年代到当下，波德里亚的著作包括《邪恶的明晰》(The Transparency of Evil, 1993b [1990年法文版])、《海湾战争并未发生》(The Gulf War did not take place, 1995 [1991年法文版])、《终结的幻觉》(The Illusion of the End, 1994b [1992年法文版])、《完美的罪行》(The Perfect Crime, 1996b [1995年法文版])、《不可能的交换》(Impossible Exchange, 2001 [1999年法文版])、《艺术的同谋》(The Conspiracy of Art, 2005)、《邪恶的智力或Lucicity契约》(The Intelligence of Evil or the Lucicity Pact, 2005 [2004年法文版])，这些是他后期的主要著作，成为某种有待估价的档案。

这些文本继续着他的客体形而上学和主体的失败的论述以及与当代历史和政治具有讽刺意味的交战。整理一下促发他的思想和/或对当代事件评论的思考，这些文本继续在具有后现代鸿沟的空间中假定历史的断裂，尽管波德里亚本人通常把自身与其他的后现代理论版本拉开距离。在后90年代的文本中，波德里亚继续他的碎片式风格和对短文、格言、故事、概要的运用，这些在80年代波德里亚就已经开始使用了,并且经常重复一些相同的思想和故事。当这些著作发展了80年代的准形而上学视角时,它们还生成某种新的思想和立场。它们经常是使人愉快的,尽管可能也有毫无节制和令人反感之处。这些写作可以被作为对原初性理论视角的发掘来阅读,它们还整合了对当前社会状况的持续评论,以及与马克思主义、后结构理论和其他当代思想形式的不断对话。

其他文本对当时事件的评论处于具有个人气质的社会学和文化形而上学的模式之内,尤其著名的是,他就2001年9月11日对美国的可怕袭击发表的评论。"9·11"恐怖主义袭击之后不久,波德里亚写了《恐怖主义》(L'esprit du terrorisme)一文,发表在2001年11月2日的《世界》(Le Monde)上。他指出对世界贸易中心和五角大楼的袭击构成了一个"强烈的事件",这一袭击是"最终的事件,所有事件之母,这一纯粹的事件在它自身中结合了以前从未发生的所有事件"。波德里亚宣布,这一"事件的震撼"已经过去,从这一时间开始,他一直会持续高度关注当代历史的动力和发生。

波德里亚的思想已经被"9·11"和接下来的恐怖战争重新点燃,他的一些相关的关键性范畴得到了证明,他本人也写出了若干最具挑战性的新著。"9·11"袭击发生后,波德里亚在很长一段时间里一直在就恐怖主义进行写作,把注意力集中在全球化上。他迅速在《世界》上发表文章这方面的文章加以回应,并在之后不久就被翻译成其他文字,他还使其进一步扩展成更加富于挑战性和充满争论的关于恐怖奇观的著作之一种:《恐怖主义精神:双塔安魂曲》(*The Spirit of Terrorism: and Requiem for the Twin Towers*, 2002a)。对于波德里亚来说,"9·11"袭击表征着一种新的恐怖主义,展示出一种"行为方式,它玩游戏,掌控游戏规则,完全以干涉为目的……他们已经掌握了所有的具有支配力量的武器"。也就是说,在波德里亚看来,恐怖主义者使用飞机、计算机网络以及与西方社会相联系的媒介,以此生产恐怖奇观。这一袭击激起了全球恐怖的光谱,即全球化系统以及西方资本主义和文化处于"恐怖主义精神"和潜在的恐怖主义时时处处的袭击之中。

对于波德里亚来说,"'9·11'以来的演说和评论表现出一种巨大的后损伤性发泄(post-traumatic abreaction),既是对事件本身,又是对它所发出的能量。道德谴责和反对恐怖主义的神圣联盟,与看到这一全球超级权威被摧毁时感觉到的异常快乐是成正比的"。波德里亚观察到,恐怖主义者希望,这一系统将在恐怖主义的多重挑战中作出过度的反应:"恐怖主义模式带来对现实的超越,在这一超越之下,系统坍塌了。"当然,布什政体以一种在阿富汗和伊拉克的单边军事主义作出了过度的回应,以"战争对抗恐怖"作为国内外政策的基石,臭名昭著地宣布"你或者与我们站在一起或者反对我们",这就等于说,任何人,如果你不支持布什的"战争恐怖",就等于在帮助和支持"敌人"和恐怖主义本身。对于我们中间的许多人来说,布什政体的所作所为,正如波德里亚所说的,恐怖主义者正希望他们这样去做。对"9·11"袭击的过度反应,化解了最初的对美国的同情,在美国实施度暴力和侵略的过度反映中,恐怖主义者赢得了发起反击的机会。"9·11"之后不久,法国《世界》报头版发表重要评论《我们都是美国人》(Nous sommes tous les Americains),但是,在关于布什入侵伊拉克的深入争论之后,美国发现它自身被从长期的盟友中分离出来,面对的新敌人在不断扩大,它所实施的布什政体所描述的一种新时代的"战争恐怖",其前景尚不可预料。

按照波德里亚的观点,"9·11"袭击表征着"胜利的全球化在战争中与自身相冲突",并且展开"第四次世界大战":"第一次结束了欧洲帝国和殖民时代;第二次结束了纳粹;第三次结束了共产主义。每一场大战都使我们不断接近今天单一的世界秩序,眼下正在接近它的目的,尽管处处遭到反对,处处都是敌对势力的制衡。这是一场不规则的复杂战争,在世界范围内从事反对反叛的单一性,以反身体的方式,发动每一个细胞进行抵制。"

波德里亚在法国报纸上发表的反应性文字,马上被翻译为英文和其他多种文字,他本人被指责为恐怖主义辩护。波德里亚捍卫自己,指出他的反思构造了一种致命的反美国主义或恐怖主义的合法性:"我并不赞扬屠杀式的攻击——那将是愚蠢的。恐怖主义不是革命反对压迫和资本主义的一种当代形式。没有意识形态,没有为客观性斗争,甚至没有伊斯兰原教旨主义,可以解释它……我不赞扬什么,也不谴责任何人,也不为任何事情辩护。人们不应该混淆信息承载者和信息本身。我已经尽力来分析这一过程,在此,全球主义的无疆界扩展创造了它自身毁灭的条件。"①

结尾的反思

波德里亚在法国从未有过像在说英语世界或其他地方那样如此大的影响力。他成为一个"全球普及"的样板,一位思想家拥有遍布全球的追随者和读者,尽管迄今为止,波德里亚式的学校还没有出现②,但是波德里亚的影响已经在从社会理论到哲学到艺术史的跨学科边界上产生,判断他对任何特殊学科主流的影响是困难的。他也许是反对现代社会和它的学术体制的最重要的后现代转向部分。波德里亚的著作切入多种学科,提升跨学科思想。他挑战标准观念,质疑已经被接受的规则和方法。他的早期的关于消费社会、符号政治经济学、拟真和仿像以及先前已经分离出来的现象内爆的研究,可以被部署在批判哲学和社会理论内,他的后 80 年代的许多研究相当自信地超出古典传统,而在过去的大部分访谈中,波德里亚把自身与批判哲学和社会理论拉开距离,宣称批判的能量已经耗尽。

---

① 让·波德里亚:《这是第四次世界大战——德·斯培格尔访谈录》,2002;参见 http://www.ubishops.ca/baudrillardstudies/spiegel.htm. 中的译文。

② 《国际波德里亚研究杂志》于 2003 年出版,表明一个全球性的波德里亚研究学者圈子持续生产了关于他的研究的出版物和反思。参见 http://www.ubishops.ca/baudrillardstudies/contents.htm.

在最后的分析中,波德里亚作为挑战和质疑古典社会学传统和社会理论的密探,或许比提供可以用于哲学、社会学或文化分析的概念和方法的人更加有用处。他宣称,传统社会理论的对象——现代性——已经被新的后现代性所超越,因此选择性的理论策略、写作方式和理论形式是必需的。他的关于拟真和后现代断裂的从70年代中期到80年代的研究,提供了一种范式性的后现代理论和对后现代性的分析,它们已经产生了巨大的影响,尽管它们被夸张地继续用于解释在场的社会趋势,同时提供对当代和传统社会理论的有深度的批判。

参考文献

Barthes, R. (1967 [1964]), *Mythologies*. New York: Hill and Wang.

Baudrillard, J. (1996c [1968]), *The System of Objects*. London: Verso.

——(1998 [1970]), *The Consumer Society*. Paris: Gallimard.

——(1975 [1973]), *The Mirror of Production*. St. Louis: Telos Press.

——(1981 [1973]), *For a Critique of the Political Economy of the Sign*. St. Louis: Telos Press.

——(1983a), *Simulations*. New York: Semiotext(e).

——(1983b), *In the Shadow of the Silent Majorities*. New York: Semiotext(e).

——(1983c), "The Ecstacy of Communication," in *The Anti-Aesthetic*, ed. Hal Foster. Washington: Bay Press.

——(1988), *America*. London: Verso.

——(1990a), *Cool Memories*. London: Verso.

——(1990b), *Fatal Strategies*. New York: Semiotext(e).

——(1993a), *Symbolic Exchange and Death*. London: Sage.

——(1993b), *The Transparency of Evil*. London: Verso.

——(1994a), *Simulacra and Simulation*. Ann Arbor: The University of Michigan Press.

——(1994b), *The Illusion of the End*. Oxford: Polity Press.

——(1995), *The Gulf War Never Happened*. Oxford: Polity Press.

——(1996a), *Cool Memories II*. Oxford: Polity Press.

——(1996b), *The Perfect Crime*. London and New York: Verso Books.

——(1997), *Fragments: Cool Memories III, 1990 — 1995*. London and New York: Verso Books.

——(2000), *The Vital Illusion*. New York: Columbia University Press.

——(2001), *Impossible Exchange*. London: Verso.

——(2002a), *The Spirit of Terrorism: and Requiem for the Twin Towers*. London: Verso.

——(2002b), *Screened Out*. London: Verso.

——(2005a [2004]), *The Intelligence of Evil or the Lucicity Pact*. London: Verso.

——(2005), *The Conspiracy of Art* (*2005b*). New York: Semiotext(e).

Best, S. and Kellner, D. (1991), *Postmodern Theory: Critical Interrogations*. London and New York: MacMillan and Guilford Press.

——(1997), *The Postmodern Turn*. New York: Guilford Press.

——(2001), *The Postmodern Adverture*. New York: Guilford Press.

Debord, G. (1970), *The Society of the Spectacle*. Detroit: Black and Red.

Gane, M. (2000), *Jean Baudrillard: in Radical Uncertainty*. London: Pluto Press.

Grace, V., *Baudrillard's Challenge: a Feminist reading*. London: Routledge, 2000.

Kellner, D. (1989a). *Jean Baudrillard: From Marxism to Postmodernism and Beyond*. Cambridge and Palo Alto: Polity Press and Stanford University Press.

——(1989b), *Critical Theory, Marxism, and Modernity*. Cambridge, UK and Baltimore, Md. : Polity Press and John Hopkins University Press.

——(1994), editor, *Jean Baudrillard: A Critical Reader*. Oxford: Basil Blackwell.

——(1995), *Media Culture. Cultural Studies, Identity and Politics Between the Modern and the Postmodern*. London and New York: Routledge.

Lefebvre, H. (1971 [1968]), *Everyday Life in the Modern World*. New Brunswick: Transaction Books.

关于波德里亚《论消失》的几点思考

道格拉斯·凯尔纳

波德里亚的《论消失》(*On Disappearance*)一文涉及他在显现和消失之间进行研究的基础性辩证法,暗示某些他的最强烈的和最独具特色的思想——在拟真、超真实、虚拟现实、网络和波德里亚称之为"完整的现实"系统的世界里,真实、主体以及人本身的消失。尽管一些段落有理由暗示一位思想家、一种思想或理论以及他的神秘晚年的消失,但是从心理上把这一重要文本仅仅视为波德里亚在他消失之前向我们告别的一个事件,那将是一个巨大的错误。当我们思考《论消失》、思考他的遗产、他的难以理解但不是无法索解的思想时,很明显,此时所发生的一切是与波德里亚密切相关的。

波德里亚以一句戏剧性咒语作为开场白:"那么,就让我们说说人类已经从中消失的世界吧。"他表明,这一致命的过程开始于"真实的消失"。引述汉纳·阿伦特(Hannah Arendt)的观念,即

"真实的世界"开始于世界之外阿基米德点的发明——望远镜和现代数学计算(1),波德里亚意指科学知识开始于主体和客体的二分,在此,主体使用概念、科学规律和理论支配客体。

波德里亚矛盾性地表明,真实一旦被命名,它就消失在概念中,它失去自身的能量,即"通过把事物再现给我们自身,通过为它们命名和使它们概念化,人类借助称谓使它们存在,同时促使它们死亡,隐蔽地把它们与它们的原初真实分离开来"(2)。马克思的阶级斗争变成一个口号和知识史的一个碎片;弗洛伊德的无意识变成一种陈词滥调以及精神分析的知识和商业的工具部分;而全球化变成一个市场化口号或攻击对手的新的恶言形式。因此,对于海德格尔和其他人来说,语言创造了一个世界,带来了世界的存在;对于波德里亚来说,理论语言凝固了具体化的世界,开启了把真实耗尽为概念的过程。

在《完美的罪行》(*The Perfect Crime*,1996[1995年法文版])中①,波德里亚指出,在当前的媒体和技术社会,"现实"正消失于"完美的罪行",它导致"真实的毁灭"。在显现、图像、幻觉、虚拟和超真实的世界里,不再可能区分虚拟和真实。波德里亚表明,尽管现实的遗迹持续培育真实的幻觉,但现实消失了。正如在他的70年代的研究中,意义内爆进入媒体;在90年代的研究中,现实也内爆进入媒介、计算机和虚拟的世界。

按照波德里亚的逻辑,通过主体支配客体的人类工程,真实

---

① 参见 Jean Baudrilard, *The Perfect Crime*. London and New York: Verso Books, 1996。

的消失不可避免地导致人和主体自身的消失。当人生产出令人震惊的客体世界、甚至试图克隆自身和推延或战胜死亡时,非人的客体世界控制了主体和他的能量,"作为意志力、自由力或表征的主体,作为权力、知识和历史的主体——正在消失"(6)①。

"伟大的消失"(Great Disappearance)包括现代世界的区分特征,包括它的最有价值的行为,比如艺术、政治和宗教。波德里亚长期坚持"消失的艺术"②,比如,图片在空虚中捕捉到缺乏主体性的客体单一性,图片在艺术、意识形态、现实和主体性之外把握到世界的精妙之处。在过去的十余年里,他有增无减地谈及艺术在世界中的消失,艺术丧失了它的自主和独特的王国。同样地,他看到政治和宗教内爆进入世界,引述卡尔迪纳·拉特津格尔(Cardinal Ratzinger)的警告说:"与世界相适应的宗教,使自身与(政治的、社会的……)世界合拍的宗教,成为多余之物。正是出于同样的原因——因为它不断地与客体结合而变得平庸——艺术不再与生活有差异,变得可有可无了"(6—7)。

矛盾的是,波德里亚所表明的"消失的一切——机制、价值、

---

① 关于波德里亚的客体战胜主体以及这里提及的主体缺失的形而上学方案,参见 Douglas Kellner, *Jean Baudrillard: From Marxism to Postmodernism and Beyond*. Cambridge and Palo Alto: Polit Press and Stanford University Press, 1989; 以及"Jean Baudrillard After modernity: Provocations On A Provocateur and Challenger", *International Journal of Baudrillard Studies*, Volume 3, Number 1 (January 2006), http://www.Ubishops.ca/baudrillardstudies/vol3 1/ kellner. htm。

② 参见 Jean Baudrillard, "The Art of Disappearance", in Nicholas Zurbrugg, editor, *Art and Artefact*. London: Sage, 1997, pp. 8-31.

禁忌、意识形态、甚至思想——继续导向一种神秘的存在,并且发挥一种神秘的影响"(5—6)。主体消失了,但留下鬼神、碎片,留下身后。"主体性世界的终结"本身是一种"扩散、流动……外质化",它笼罩一切,但是不再由客体、现实或世界去控制,因为它已经消失在这一世界之中了(6)。

我把《论消失》作为一种方法论启示来读,思考什么已经消失,什么不再可能,比如我们的一些现代概念,现实、意义、主体、社会,或那些现代性的自主领域,比如艺术、政治、宗教或性。在这谜一般的沉思中,他告诉我们,它们的消失不是进化过程的结果,而是一个"单一事件……并不是完全否定的"(4)。

波德里亚是一位研究中止和断裂的理论家,他的思想针对当代的基础性改变和新奇事物①。在他的研究中,有时会出现弥赛亚式和启示录式视野的暗示,他不是一位乌托邦式的人物。对于更加传统的乌托邦思想家来说,"事件"就是历史上积极的断裂,新事物出现,可能性出现,乌托邦闪烁。相反,对于波德里亚来说,事件可能指涉重要的和根本性的事物的消失——像现实、世界、艺术、政治和人本身。然而,他不是一个悲观主义思想家。当出现解放的时刻和可能性之际,当旧事物消失和新事物出现之际,归根结底,消失"不是完全的否定"。

波德里亚早期的现代性研究预见了现代社会和后现代社会

---

① 关于波德里亚和断裂,参见凯尔纳的《让·波德里亚》中的相关引文和《现代性之后的让·波德里亚》中的相关引文。

之间的断裂①,而他的70年代中后期直到离世前的研究也同样在现代社会和被某种"后现代"称之为新奇的事物之间设想了断裂,尽管许多波德里亚研究者在阐释这一术语时遇到了困扰,并且尽一切可能防止波德里亚受到来自这一不可言说的断裂的玷污。然而,波德里亚不断设定阶段性断裂——在前现代和现代社会之间以及在现代和后现代社会之间,最显著的可能是在《象征性交换与死亡》和《交流的狂喜》中。我愿表明,《论消失》也可以这样来阅读,因为波德里亚一直在谈论终结和这些关键性概念的消失,谈论现代的范围以及进入一个新概念的和社会的空间。那么,是什么出现在他去世前的最后的重要文本中呢?波德里亚告诉我们,当代不仅要注意什么是新的和不同的,而且要思考什么已经消失了。

因此,波德里亚的大理念(Big Ideas)关注断裂和消失②。自

---

① 参见波德里亚《完美的罪行》中的相关讨论。
② 比较 Gerry Coulter, "Reversibility: Baudrillard's 'One Great Thought'", *International Journal of Baudrillard Studies*, Volume 1, Number 2 (July 2004), http://www.ubishops.ca/BaudrillardStudies/voll2/coulter.htm。我将指出这一断裂和消失是与颠倒性联系在一起的,正如在生产的现代和拟真的后现代之间的断裂,波德里亚以形象化的(政治经济学的、作为社会组织原则的劳动等的)"终结"来意指。当断裂发生并且事物消失时,人们不可避免地进入一个颠倒的和内爆的场景,正如当异化被"交流的狂喜"颠倒时,意义和信息的生产和扩张转化为无意义和噪声,主体的自主性被客体所替代,或当真实证明是幻觉时,这一象征赋予我们更具启发意义的观照世界的视角。因此,或许波德里亚在他的后半生显现为三个伟大思想的三位一体:断裂、消失和颠倒。或者,正如我在这篇文章的前面所表明的,一种转换、开放和复杂的聚合。

20世纪70年代以来,现代、前现代和后现代之间的断裂激发了他的非常多的思考。伴随着断裂和新奇,消失到来了——还有颠覆、根本的不确定性和对思想和写作的新反对模式的需要。如果生产的时代已经被拟真的和诱惑的时代所替代,那么,批判的领域就已经被从真实到象征和想象所替代。如果断裂已经发生或正在发生,那么我们就处于一种颠覆的和根本不确定的处境①。把自身置于断裂的和根本不确定的区域之外,需要思考什么正在消失和什么已经消失。波德里亚的文本《论消失》可以置于他的关键性思想的星座中,并以此来重新思考波德里亚的遗产。那么,让我们通过重新思考波德里亚的关键性思想和它们继续生存的星座来进行我们的悼念活动吧。

2007年7月16日于洛杉矶

---

① 这里向迈克·加内(Mike Gane)致谢,他的著作《让·波德里亚:在激进的非确定性中》(London:Pluto Press,2000)把"激进的非确定性"作为波德里亚的一个关键性思想。我在这里表明,存在一种关于波德里亚基本思想的荟萃,并且把断裂和消失命名为这一荟萃的重要部分。

波德里亚、死亡与冷战理论

瑞安·毕晓普

"所有的政治艺术在今天都是为了激起大众的冷漠。"——让·波德里亚,《冷静的记忆》II,16

"今天,在商业心理和清醒的批判性判断之间、在粗俗的唯物主义和另一种唯物主义之间,呈现出不断增长的相似性,所以,要时时恰当地区分出主体和客体变得越发困难——把文化仅仅等同于谎言,这比以往任何时候都更加致命,眼下前者确实正在完全被后者所吸纳,并急于获得这样一种认同,以便使所有对立的思想得以瓦解。"——阿多诺,《最小的道德》,44。

"这啤酒不再是啤酒,但它被这样的一个事实所弥补,即这雪茄也不再是雪茄。如果这啤酒不再是啤酒,这雪茄真的是雪茄,那么,这将是一个问题。"——贝托特·布莱希特,引自波德里亚

《海湾战争从未发生》,81。

冷战的余烬

让·波德里亚是一位冷战哲学家,这样的描述是恰如其分的。他是一位在冷战期间走向知识成熟的哲学家。他出自冷战,是冷战的理论、体系、技术、方法和资料的分析者,而这些影响和感染了与冷战相关联的每一生命体的方方面面。在大量的理论研究中,波德里亚把冷战作为事变(event)来考察,这一事变最大限度地构造了我们的当下,构造了我们对这一世界以及它的运作方式的常识性理解。他的语言是冷战策划者的语言;他的逻辑是冷战策略者的逻辑;他的修辞是冷战政治家的修辞。在所有的事例中,他把这一切推到极限,明确地使其呈现为过程本身的内在运作,而他的思想的每一要素都能够回到构造冷战的争议之中。波德里亚不同于他的冷战对话者的主要之处在于,他占据了死亡空间,死亡潜伏在所有这些系统、理论和话语之中,死亡消解了它们的完美(perfection)和完满(completion)的欲望。冷战贩子也在兜售但否定死亡,死亡成为他们拥有的部分商品。

冷战期间,美国全球策略的逻辑和理想/目标,在波德里亚的理论研究中扮演了基础性角色:从不可能交换(另一个术语是détente[缓和])的先发制人(pre-emption)到拟真这样的象征性交换的封闭系统,从消费主义(西方的经济和政治系统中的最显在部分)到美国(作为一个自生概念仅是边缘化地与它的物理空间相联系),从技术/媒介驱动的超视距监视和控制的乌托邦梦想到遏制(与苏联相关的美国军事和外交干涉的初级目标)。很明显,仿像(simulacrum)作为波德里亚的最有名的理论概念,直接来自于他的长时间的对拟真和其诸多效能的研究。拟真(simulation)对冷战来说是必不可少的(sine qua non)。正如波德里亚所断言的那样,"核武器"是"拟真的神化"(SaS 32)。拟真制造核武器是可能的,反之亦然。对于波德里亚来说,拟真是西方最有意义的概念之一,也是西方构造的最有意义的结构之一。在我们远离第二次世界大战之时,它已经被"全球化了"。

作为一个基本的——如果不是唯一的——研究目标和发展领域,拟真出现在第二次世界大战将要结束之际,在范内瓦·布什(Vannevar Bush)的推动下进入兴盛时期,他曾在后二战也即冷战早期督促美国兑现维持军事—工业优势的承诺,说服联邦政府,这样做是出于国家的安全利益。布什主张,不要像第一次世界大战结束时那样,削弱常备军队,削弱联邦政府、公司部门和服务于军事的大学这三方联合力量的部署,而是在美国还对所有其他国家保有优势、尤其是对苏联保有优势时,加强这些方面的合作。布什曾预见即将到来的与苏联的冲突,并指出第二次世界大战的发生主要是因为美国奇特的不负责任的后战争立场。为了达到这些目的,布什制定了几套方案,尝试在大学的基础性研究与美国政府为这一研究提供的国家基金之间,以及在把这些研究成果商业化的私人企业和它们服务的军事和国家防御之间,建立起不断强化的联系。

认知科学的全盛期和社会科学的专家时代诞生于这一联系。专家们可以提供图表和坐标,不是来描述而是在一个给定的环境中预测人的行为。社会科学研究的基本预测能力是模型或拟真。以这样一种方式,事变可以被提前模型化、被预测。在拟真中,先发制人打击(the pre-emptive strike)可以被考虑、被实施并被证明是合法的。先发制人打击的逻辑是冷战的一个基本维度,它一直在伊拉克战争的基本原理以及任何先发制人事变的更大策略中寻找在场的形式,先发制人会使全球化和全球价值失去稳定。于是,威慑变成对战争的替代,变成战争的拟真(SaS 32)。只在一个层面上,这样的局势可以确信是有吸引力的,但是惟其如此才是可能的,即如果它确实减少了武装冲突的机会。事实上,战争的拟真只是增加了暴力发生的机会,因为战争(如真实的、全力以赴的、核导弹飞越诸大陆的战争)不再可能发生。战争之外,世界已经目睹了多次规模较小的但令人难以置信的流血和野蛮的冲突。此外,所谓的"流氓"国家谋求获取唯有西方的"理性"政体应该拥有的核能力,这将意味着不可能交换的启动,并进而为我们已经目睹的先发制人战略和行动提供辩护。针对当前的伊拉克冲突,波德里亚提及了预测性思维的可取性和先发制人行动之间的联系,他指出:"(战争的)最终理由是创造一个确保安全的秩序,在最终的无任何事变的基础上,人们获得正常的平衡。"('Mask')根据其深远的内涵,他指出"发明一种安全系统以防止任何事变的发生,将是必要的。整个的威慑策略在今天服务于一种全球策略。"(IoE 118)

把这一主张带回它的冷战源头,波德里亚追问道:"(这一全球的威慑)是冷战的残余和恐怖的平衡吗?但是这一次,它是一种没有冷战的威慑、一种没有恐怖的平衡,或者更确切地说,它是冷战对社会和政治生活的最小空隙的一种全盘介入。"(IoE 119)政治政体对全球化进程的世界秩序的支配,形成于冷战对控制和遏止的关注,因而它们严重地依赖于拟真对这样一种情形的模型化,即(在现实和必须防止其实现的虚拟将来里)它需要与先发制人逻辑和自我防范相符合的局势或事变。当这种政治全面地扩张到世界的各个角落时,它的权限被戏剧性地削弱了。麦克阿瑟将军的著名冷战口号"我们(美国)保卫每一寸土地",意味着我们时时处处在保护真实的仿像创造和工程,也意味着它之外的一切因此都站出来反对它。为了使这些欲望成为可想象的,并且确信是可期待的和可实现的,在铺向先发制人的拟真路上,必须完整地部署虚拟系列。

拟真本身可以用来诠释冷战期间大学所从事的大部分的基础性研究,因为其中很大程度上是受布什建立的防务—开支关系驱动的。在拟真领域,这一在美国大学(麻省理工学院[MIT],最初阶段)实验室里进行的政府(也就是说,防务驱力)研究和私人部分(IBM和美国航空)的紧密关系可以清晰地加以描述。由麻省工学院创造的最初的拟真环境几乎同时被设计为服务于防务目的和商业需要:SAGE(半自动化的场所环境)和SABRE(半自动化的商业研究环境)。就SAGE来说,武器操控者所跟踪和瞄准的方式是能够使用"轻武器"识别出现在他们的屏幕上的物体,允许武器被引导,这种引导是根据操控者对呈现在屏幕上而不是呈现在视觉经验里的环境的了解。在操控者的掌控之下,空间环境的拟真允许防空延伸到很远的距离,并且是从工作台上而不是从田野上。

在 SAGE 所积累的相关知识的基础上,麻省理工学院几乎立即启动了 SABRE,这是一个由 IBM 为美国空军设计的连接全国数以万计的保障人员共享在线传输过程的系统。拟真环境使资料、信息和购销的实时交换成为可能,如同所有的保障人员坐在同一个房间。拟真影响和控制其他空间的力量发展成为冷战世界整合的一个必需的部分,尤其是当战争游戏实际允许军事计划者通过多种核战争脚本来进行时,同时保持冷战冷下去——正如他们所期待和所确信的。出于显在的原因,拟真在所有领域里长期、远程、不可预见的功能成为波德里亚集中分析的主要对象之一。

波德里亚指出,大规模的拟真宣告了仿像的第三秩序的来临,在此,对现实的精确再现和工业制造的再现之间不存在任何差异。面对仿像的第三秩序,传统政治反抗和行为的所有手段已经无关紧要。他在 1976 年写道:"当代革命直接处于这一系统之前的状态,它完全被一种在真实的所有形式中复活真实的怀旧情绪所支撑,也就是被仿像的第二秩序的辩证法、使用价值、生产的明晰和目的、无意识的'解放'、被压抑的意义的(能指或称之为'欲望'所指的)'解放'等所支撑。"(SeaD 3)波德里亚一直坚持主张传统的政治行为模式是无效的,宣称"仿像的第三秩序"的动员

"横扫了(这些模式)",并将确实导致政治抑制。他争辩说:"你无法通过强化目的而战胜侥幸,你无法以良心的代价(prises de conscience)和辩证的否定战胜循序的和分子式的消散,你无法用政治经济学、也无法用'革命'战胜代码。"(3)通过仿像的第三秩序的努力,这一"更高级别的秩序系统销毁了"所有"过时的武器"(3)。对于那些尤其是在西方探索政治变革的人来说,这样的分析是严厉的,而那些高举启蒙进步、政治正义和公民表征旗帜的人,对波德里亚的言辞在很大程度上充耳不闻或加以曲解。然而,忽视这一事实是不可能的,即美国的现实政治(Realpolitik)在入侵伊拉克之前拒绝考虑来自全世界成千上万人的抗议——在电视上、在大街上、在互联网上,这些抗议无论如何是无效的:确实是过时的武器。这些示威只是实施了政治参与——只是使政治拟真化——它们极力强化波德里亚关于政治主体和他的能动性被逐步消解的分析。布什在第二任期设法重新当选,进一步削弱大多数表征的意义,作为民主的一部分,它们是由世界范围内创造和维护全球价值的诸多力量集团推动的。

正如我们已经知道的那样,全球直接由冷战的逻辑、策略和系统所控制。对整个地球进行全天候的"实时"监视这一目标,使我们自己的区域从行星转到地球,可以通过远程电子手段进行全方位的全时扫描。为了实现能够在发生时(也就是处于实时状态)观看呈现在地球表面上的一切的梦想,许多技术和策略已经被部署、修正和更新——远程技术和光电子学以及相互协调的大规模计算机系统,它们似乎不仅实现了完全实时监控的目标,而且还帮助我们确信这一目标是可实现的。这一过程开始于20世纪50年代,其缩写是C^31,表示交流、控制、含括和信息。在C^31中包含后来变化的种子,在波德里亚的关于新自由主义民主的全球政体的术语里,部署了传播完整的现实(Integral Reality)的工具,C^31本身已经重复和浓缩在C41STAR(指挥、控制、交流、计算机、智力、监视、目标质询和勘察)之中了。

完整的现实的一个重要方面,也是C^31的一个重要方面,即实现使所有的现象都明晰、可见和可知的欲望。正如波德里亚非常清楚地阐明的现实状况:"完整的现实是一个无限量的运作工程,是关于世界的一种妄想。在那里,一切都变得真实,一切都变得可见和明晰,一切都被'解放',一切都趋于实现并拥有意义。"(IoE 17)对于冷战期间的美国,一切都时时处处地对它的安全状况具有潜在的影响。同样地,对于完整的现实,"不再有任何事物不可言说"(17)。在把一切实现为明晰的、真实的这一冲动之下,还出现了一种全能的主体和能动的形式,他在技术控制下绝对相信自身。正如波德里亚警告说,当把主体的能动归结为技术时,它就成为技术和技术性本身的一个副产品。结果与原因被混淆了。

在20世纪80年代,波德里亚开始称大众——对政治行为进行社会分析和论证的巨大的基础性比喻——为"沉默的大多数"。这一术语被证明是相当机智的,它借自于理查德·尼克松(Richard Nixon)的用法。理查德·尼克松以此来描述假定的但尚未表达的一致意见,美国人持有这样的一致意见,但不像反对越南战争的学生抗议者那样在公共场合表达出来。尼克松的用语不明智之处是提到荷马,荷马是针对死人来使用它的(死人超过活人,尽管他们的数量巨大,但却是沉默的)。波德里亚使用这一术语包括几个指向,由于拟真和抽象在冷战技艺中的影响,它们在很大程度上指向政治主体的让位以及大众成为空洞的符号。波德里亚指出,大众可能不再参与表征的秩序——他们的声音已经屈从于调查、自我反省,被无数的体制性的测试所吞噬。这样的工具,比如民意测验、公民投票、考核、调查等,他说,"不再属于表征的领域,但却是拟真之一"(In the Shadow 20)。

大众的命运和构造大众个人的命运,是明显地相互缠绕的。大众自身通常被视为是缺乏个性的主体,在很大程度上如同个人所构造的主体那样。两者已经变得沉默,这是一个为他们设计的立场,但是还拥有更进一步的非刻意谋求的结果。波德里亚断言:"退回到沉默,他们不再是(一个)主体(尤其不再面向——或属于——历史),因此,他们不再可能充当代言人,不再可能相互关联、被表征……"(22)作为集体性实体的的大多数人,其沉默模仿了作为个体力量的主体的沉默。在历史之外,无论是大众主体还是个体主体,都已经抽象为一种由官僚主义和中心化权力所创造的漠然的立场,根据波德里亚,正是具有这一自我相同的漠然才变为一种惰性,其力量足以破坏使大众变得毫无价值和一片空白的诸种系统的基础。当他说"我已经尽力去分析这一过程,通过这一过程,全球化的无限制膨胀为它自己的毁灭创造了条件"("Fourth World War")时,波德里亚为回应另外一个含义深远的政治性议题——反恐战争——已经以某种方式勾勒出了他的方案,即直接与这样一些因素联系起来,如政治主体的死亡作为目的而引入的拟真,我们当下冷战所扮演的角色,以及面对无所不包的、自我完善的支配系统的冲动而难以回避的障碍等。

主体的故事

波德里亚的研究始终在考察媒介和技术的功能——它们在拟真的影响下发挥了不可或缺的作用——对在现代世界里很大程度上被作为"常识"加以把握的主体-客体关系这一身份系统的作用。在这一关系中,自我是主体,他凝视并与客体世界(包括他者的自我或主体)建立联系,也因此通过与这些客体所建立的联系和差异而了解自身。这一身份系统呈现于一个特殊的文化-历史的参照构架下,并且被深入地蕴涵在一系列相关的他者思想和机制——比如主体性、能动、授权、自我确定和自主——的系统中。在许多的西方语言中,主体和客体的语法建构反映在主体和客体的语义范畴,它依次展示并反映在自我与他者、正义、民族国家、支配系统、伦理、政治经济和自然分类的诸种理论中。

正如波德里亚所指出的那样,如果不实际提及对过去遗存的沉思性回忆,那么主体-客体关系的整个架构已经受到创造当代状况的技术和技艺的结合的威胁。尽管在由后冷战世界的霸权国家和经济体所支持的有缺陷的"普世"价值形式中,全球的可见循环在明显地动荡,但是主体-客体关系只存在于它曾经应该存在的拟真形式里。似乎通过魔法或通过"似乎"这一魔法,也就是"似乎"主体和客体或真实和虚假、有用和无用等之间的辩证法,在面对全球化过程和传递全球化的各种技术时,它还持久地保持着效力。

替代主体—客体关系的是波德里亚称之为的网络荧屏(network-screen)关系,荧屏替代主体-客体,以传输和接收思想、图像和信息,并使传递网络化。他写道,主体和客体已经"荧屏化了",还有其他一些成对的依赖于距离的现象也都荧屏化了,包括真实和拟真、书写的文本和它的虚构化身(SO 176-80)。在主体对客体世界的凝视中,现场或景观的显露已经屈从于所陷入的巨大的网络荧屏,这导致了一种迷乱和十足的猥亵。主体所必需的观察、参与、布置以及使自身与客体区分开来的距离,已经被远程技术所吞噬,它存在的唯一目的就是消除感觉的裂痕。波德里亚认为,它是成功的,这一裂痕已经不复存在,剩下的只是荧屏中彼此毫无差异的网络化关系。为了在主体和客体之间消除裂痕、努力获取完美和总体的完满(total completion),技术在主体和客体、自我和他者、这里和那里之间取消差异,达到消除差异的地步,这成为它的显著成绩。

但是,不仅仅是技术造成了这一状况,而且技术与一种不断改变关系的趋势是相一致的,技术既帮助生产又帮助强化了这一趋势。在远程技术、媒介、广告、消费主义和资本主义之间存在复杂的联系,它们在若干重要的共有性质和条件下运作。其中首要的是抽象。一般而言,第二次世界大战之后的西方,为系统扩张优先进行辩护的是有关技术的效率、速度、自动化和利润,技术作为传递生产和基础的抽象本质的工具,既是客体又是理念(或抽象)。但是,如上指出,对完美和总体的完满的冲动已经导致这一系统的死亡,这一系统生产基础和抽象、以及基础和抽象自身的死亡。同样地,作为政治行动者的主体、代言人和客体,也死亡了。死亡成为最难以驾御的客体,成为最后的难以驾御的客体,如果波德里亚可以被信任的话,它的离奇的难以驾御性也许正是对我们的拯救。

失去自我的岛屿或观众

波德里亚的观点是如何与在公共话语领域里发挥作用的特定潮流产生共鸣的,为了认识这一点,人们确实需要转向他所喜爱的以及全球文化生产的最丰富的来源:好莱坞。2005年,好莱坞推出电影《岛屿》(The Island)。这部影片提供了由技术所导致的恐惧以及解决这一恐惧的技术的和人本主义的方案,好莱坞擅长于此。在最基本的层面,情节在完全中介化、军事化和生物技术化所决定的世界里激起代理的焦虑。在不太遥远的当然是意指现在的将来,伊万·麦克格雷戈(Ewan Mcgregor)和斯卡尔莱特·约翰逊(Scarlett Johansson)扮演被要求提供器官的克隆人,这一服务是由一个疯狂的庞大的医疗公司提供的,它隐秘地与美国国防部相联系,谋求生命永恒这一超级财富。为了使器官的功能有效,我们被告知,克隆人必须具有某种个体的相似性,成为主体的影子,包括对记忆和过去进行拟真。为了使克隆人听话和便于管理,每一个人都被强迫植入一种虚假的大规模的环境灾难的地球史,结果是,凡是离开受到保护的生物圈世界的人都将被杀死——由于在电影、政府文件、小说和电视里大量披露这样的情节,获得后启示录式的拟真是很容易的。毫不奇怪,克隆人所居住的生物圈世界类似于超级购物中心,这里拥有各种各样的电影院。他们透过窗户所看见的外部世界,是一个计算机制作的都市全息图,充斥污染,堕落到对克隆人进行欺诈。克隆人麦克格雷戈和约翰逊生发出一种意想不到的、成问题的获取隐私的癖好和学习知识的能力。他们逃离了封闭他们的世界(他们被这一公司里的坏人指为"随意的产品"),进入接近未来的人类城市纽约和洛杉矶。影片对这些城市的再现,看起来像一幅全息图的世界,令人震惊,它们是专为克隆人建造的,干净一些,拥有漂亮的大众传输工具。

这些城市和全息图看起来像计算机制作的摩天大厦的碎片,外墙上悬挂有宣传屏幕,令人惊讶。电影开始之前,播放大量的由一个称之为媒介泰克(Mediatech)的公司提供的广告片。在新加坡,媒介泰克专门提供电影放映之前的预告片广告。《岛屿》所描述的电影院式的城市,还拥有一个与新加坡理查德公路上的Isetan/Shaw兄弟塔非常强烈的相似之处,它容纳了一个更加大众化的地方电影院。这一电影院的观众、克隆人和人是一样的——画面内和画面外——所有人都发现他们自身被嵌入一个中介化、商业化、传播拟真化的多层面的都市景观中。都市真实既在电影内容上也在观影语境上被电影院的超真实所吞噬。再现和生产之间的区分被消解掉了。

当这部影片成为好莱坞最受欢迎的话题之一——电影院与观众之间的关系成为主题——时,中介化也更加深入了一步。这一主题在很大程度上是以对电影院控制观众之力的焦虑形式呈现出来的,它总是表达一种更加深入的两难(电影院既得意于它的力量又担心于它的力量)。当新生的克隆人被提供记忆以建构一段过去时,我们看到他们被捆绑在手术台上,用电脑显示器闪现他们的拟真的、预先编好程序的过去画面,每一幅画面都带有他/她个人的荧屏特点(网站显示"我的过去",使我们想起"我最喜欢的"网络视窗提示或关于亚马逊的"我所期待的项目")。这一景象如同一个巨大的仓库,装满了数不清的弗兰肯斯坦(Frankenstein)的怪物方阵,或来自《一个不变的橘子》(*A Clockwork Orange*)的阿莱克斯(Alexes),在数量上和技术娴熟中,被强化的对电影院控制力的焦虑在不断地重复着。当克隆人收到这些植入的记忆时,我们可以看见他们的抽搐和扭动,他们以机械的方式回应直接传输给每一个个体克隆人的过去的拟真,而作为观众的我们,影片在视觉和听觉上的植入和我们集体的未来在场的拟真,使我们自身也以抽搐和扭动回应克隆人。

规训的方法和焦虑的来源是相同的:比如电影院,它在转喻上唤起了媒介、技术、交流模式、都市空间和消费文化。从电影院叙述的画面内世界到观众的画面外世界,拟真力量在每一个层面都被主题化。电影院、超级购物中心和都市景观,既是围绕个体能动性的焦虑的原因又是解决焦虑的方法。由麦克格雷戈和约翰逊扮演的漂亮的克隆人，正如人们所能够预期的那样，给我们提供了这一影片的一个主要信息：在这样一个完全由技术决定的环境里，如何做人。换言之，克隆人展现给观众的是，他们比他们所复制的非人化的人更加像人，这些非人化的人提出制造和最终毁灭克隆人的要求。以这种方法，拟真还再一次教育我们，做人意味什么，它等同于技术制造的克隆人、胶片、电影明星和模型。在克隆人、明星、模型、胶片中发现的人的拟真，讲述了一个关于主体和能动性丧失了但又通过拟真和中介潜在地重获的故事，但是只能通过拟真和中介向我们提供这一信息。以相同的方式，在海湾战争中所发现的战争拟真，是一场作为电视的战争拟真；战争拟真同样发生在伊拉克战争中，它是发生在胶片上的战争拟真。这一切向我们表明，在不太久远的过去，国际地缘政治的争端终结了。尽管所失去的似乎是差异的重要性和欲望，但是它们基本上是相同的，反映出相同的焦虑。当一些技术和技艺在物质和精神上改变了空间和自我（甚至一个政治实体的集体自我）时，如果完全如此，焦虑的重心则集中在能动性和个体可能达到的程度上。如果电影院被它的权力无休止地迷惑和惊骇，如它所展示的那样，如果电影院还展示出自身的失去客体的焦虑（这就是它一再主题化自身的原因），那么，它仅在重复和持续观众所表现出来的主体的丧失，这是电影院与观众互动的结果。

当我们已经开始不受约束地揭开好莱坞产品的这一典型例子的精神分析外衣时，最值得提起的是欲望角色和性别吸引，好莱坞和消费文化依赖和制造了这一切。在全球市场中,性和欲望成为这一场所是否达标的承载者,在此,个体和能动性奇特地被表达出来。我们被告知,克隆人忽视性和欲望,并且当这一对漂亮的克隆人在奔波时,我们看到他们天真无邪地在荒废的建筑物里睡在一起,像乐园中狂喜的孩子。然而,克隆人约翰逊是克隆了一位有名的模型,很像约翰逊本人。这对夫妇第一次遭遇到欲望和诱惑的图像,是他们在纽约市百货商店的大厅里看见一则香水广告,这则广告以性感特征作为宣传的内容。影片之内的广告就像影片之外的全球化媒介和消费文化——如果我们能够维持这一区分的话——通过在完全拟真化和商品化的名人的欲望身体的形式里,创造出对性欲望的攫取。对于这部影片里漂亮的克隆人来说,尽管通过广告了解了性,这成为在调控个性和能动性焦虑王国外的一种解放和促进自我实现的经历。自我的力量仅出现在完全商业化的由媒介所提供的都市景观(如广告预告片,电影院、超级购物中心、城市的街道)中。为了填充完全主题化和中介化的经验的无底洞(mise-en-abime),当先于电影放映的媒介泰克的系列商品被制造时,我们——我成为观众的一部分——看见了克隆人夫妇看见的相同的广告(经过由卡尔温·克林恩[Calvin Klein]布置的一些产品)。媒介连接的麦比乌斯带(mobius strip)在它自身的内外展开,没有为观众的活动留下内与外的空间。都市空间、消费主义、媒介、宣传和技术的整合,建立在作为欲望建构物的能动性这一脆弱的观念之上,主体和客体所需要的彼此作用的距离,消失在荧屏网络关系的急迫的明确表达中。

拟真和先发制人:(再次)控制事变

把借自于弗朗西斯科·德·伯纳德(Francois de Bernard)的奇想本身拓展为自我奇想的一个延续,波德里亚写道,伊拉克战争是一部电影:不是像电影——不是一个明喻——而就是电影本身(如同海湾战争就是电视)。伊拉克战争是一种"银幕表演","必须完成得完美无缺"(IoE 124)。从技术到财力的一切,包括对分配的控制(类似于查雷·卡普林[Charlie Chaplin],玛丽·皮克福德[Mary Pickford]和道格拉斯·菲班克斯[Douglas Fairbanks]与他们的"联合艺术家工作室"),已经为"伊拉克战争:电影"调动起来了。波德里亚指出:"最终,操作的战争具有非常独特的效果,电影院成为战争图表,我们可以把它想象为'真实的',而它仅仅是电影院存在的一个镜像。"(IoE 124)因此,伊拉克战争的观众,在它的传递和分配的所有模型里,复制着《岛屿》的观众。在政治层面上,这一复制的意味变得相当清晰,但是未必一眼看出。如果《岛屿》的观众证明银幕上的自我不再影响银幕外的他们,那么,伊拉克战争的观众则表明,政治行为(技术的、军事的和经济的)不再影响银幕外民主政府的组成。如上所述,甚至那些在民主政府中通常属于一般平民的表演场所,已经被完整的现实的冲动归入全球反对入侵伊拉克示威的事例中,它并没有减缓这一攻击,而仅仅用分歧的表演来填充电视新闻。按照波德里亚的说法,这一结果是"我们因此正在应对纯粹状态下的权力运作,不关心主权或民主,只关心作为否定性力量的完整的现实"(IoE 120)。

然而,更加令人焦虑的是,它们之间的关系,即对伊拉克战争电影院经历的拟真和它的趋向于完整的现实的冲动,正如《邪恶的智慧》(*The Intelligence of Evil*)所描述的那样,但是预兆主要存在于关于海湾战争的系列文章中。其中的关键联系是这样的,即它把拟真(或模型化)与先发制人的任何现象、价值形式或可以导向事变、导向真实完满性这一冲动的瓦解联系起来:这里被理解为陈词滥调的东西,如普遍价值、民主、新自由主义经济市场等这样的术语,在发挥作用。全球化过程的整个机制,以它自己的术语和作为它的证明的普遍价值,趋向完美,趋向完成真和善。全球和普遍之间的关系复制了技艺和真理之间的关系。

关于海湾战争的系列文章表明,在20世纪90年代早期,完全中介化的仿像冲突,在更大的冷战威慑中,成为赢得冲突和尽可能完整地实现图像和信息(非信息)控制的另一种手段。在地缘政治的范围,战争的目的是要控制不服管制的政体,与此同时,把美国的技术、军事和拟真威力的信息发送到其他潜在的政敌那里:在伊拉克战争的早期,五角大楼把"硕大的足迹"留在沙漠上。当然,信息传递一直是强化主权的一种策略。关于海湾战争,波德里亚写道:"我们的战争与其说是在面对战争的鼓吹者,不如说是使这个星球上的不听话的势力归顺,正如警察所说的那些不可控因素,属于不可控因素的不仅有整体上的伊斯兰,而且还有野蛮的种族群落、少数民族语言等。所有这些单一的和无法还原的都必须被降服和吸纳。这是民主和新世界秩序的法则。"(Gulf War 86)当然,这是一项拟真工程,从潜在和潜在的实现入手,在潜在(potentia)中扭曲事件。作为仿像的第三秩序,这一模式与客体融合并创造出一个完整的实体。遏制并不就是控制,还是渗透,还是针对任何更进一步或类似可能爆发事变的预防性措施。这一切都被提前改编为脚本。这一脚本要求无物悖离脚本,电影剧本的作者最终拥有某种真实的影响力。

在波德里亚的论述中,完美冲动的原初能量是完全建立在"事件的预防和预警"之上的(IE 121),以求达到脚本的要求。毕竟,这是对伊拉克战争的先发制人本质的证明,它的目的从名义上看是在萨达姆使用大规模杀伤性武器之前做出预防。由认知和远程技术监视所提供的模型,表明来自完整的现实的全球秩序的变动,这一模型需要在最单纯的因果合理化中以战争作为预防手段——但是战争只是电影院里的战争:脚本化的,特殊效果的,当灯光熄灭时,一切都各得其所和处于安全之中。但是眼下的预防却是普遍的、绝对的,不再仅包括战争。波德里亚指出:"任何可能发生的事情都被认为是恐怖主义的。这一法则或这一秩序是不可以发生任何事情,没有什么事情可以再发生。所以,可能发生的任何事情都必须被提前预知,提前消除。"(Hegarty 147)这就是战争已经变成之物:先发制人,它把冷战的逻辑带入完满的和绝对完满的完全(非)逻辑化的目的之中。一切都是威胁,威胁不是来自于控制完整的现实的扩散秩序。恐怖主义"根本不再是宗教的或意识形态的……它是所有形式的。所以,它在实施总体的战争,或许是第四次世界大战,或许像维拉利奥(Virilio)所说的,是一次星球内的大战,它是秩序一边的所有力量的联合,以反对所有潜在的恐怖主义分子。所有的人口实际上都是恐怖主义者,只是他们还没有被消灭"(147)。

波德里亚的分析,更像是维持一种可称之为确保相互毁灭(Mutually Assured Destruction,MAD)的强化恐怖状态的冷战学说,它没有给我们留下任何调整或行动的空间。然而,死亡潜伏在他所谈论的系统之内,这些系统在持续地追求完整和完美,而死亡给我们提供了希望,尽管不得不承认这是一个非常渺茫的希望。这些系统生产出它们自身的毁灭模式,一种自动的毁灭性出现在希望排除任何对它们进行反抗的过程中。在一个异常的预知阶段,它可以直接地与伊拉克战争联系起来,波德里亚断言:

> 但是,这一权力的完整的现实还是它的终结。权力就是以预防和预警事变为基础,它不再拥有政治意志,但却拥有驱散鬼神的意志,它本身被鬼神化而易受攻击。它的虚拟权力——它根据软件和类似之物的策划权力——是总体性的,但是结果它自身不再可能发挥作用,除非通过各种内在的失败反对自身。在它可控的高度上,它可能只是失去了尊严。(IoE 121)

在这里,波德里亚提醒尊严的丧失不是自负本身的结果,而确实是人们想要之物获得实现的效果。对隐秘世界的完整的遏制、监视和控制,无论多么虚幻,如果成功的话,确实能够导致为自己生产出无外在之物。任何妨碍这一完整的现实扩散的事物都被吸收或消除,对于西方来说,"伊斯兰"就处于这样的位置。在它的抽象的政治意义上,"伊斯兰"必须被放入符合标准的引号中,使其反对完整的现实物质化。但是,这一物质化将不是这样一种力量,即消除完整性冲动,而是从内部播下它自身死亡的种子。对于彻头彻尾的完整性冲动——逻辑上和重复地——当它是完整的,确实可以终结:通过实现系统化的自我毁灭。因此,这一使完整的现实以及它所希望达到的目标成为可能的条件,表明了实现的不可能性和没有欲望去这样做,然而,它继续坚持,而且比以往更加致命,尽管伊拉克冲突是令人羞辱的、流血的和难以控制的。

死亡拯救理论或拯救就是死亡

尽管死亡对于进入批判理论领域内的许多人的研究来说是关键性的,但是波德里亚的研究,或许比其他人的研究更是如此,它表达、象征和激发了死亡在理论写作中的作用以及死亡与政治之间的联系。按照波德里亚的观点,死亡,尤其是弗洛伊德的死欲,没有为辩证法的吸收和改造的运作提供任何空间。死亡的这一拒绝辩证法的特征,使其成为根本性的、难以消除的、可利用的(SEaD 151)。这是波德里亚本人假定的分析媒介、拟真、主体、客体、政治、战争、经济、文化、事变、理论本身和思想的立场。与诸系统相关,波德里亚希望死亡在两个层面上发挥功能:它等待"系统的终止期"——在它的终点——同时又使"象征性毁灭蔓延到系统本身"(DaSE 5)。因此,死亡既内在于系统,作为它的"运作逻辑",又构成它之外的"根本目的"。只有死亡,既在系统之内运作又在系统之外运作(5)。如此地,它负载完美(系统运作和工程的完成)的标志和潜伏其中的内在缺陷。死亡是模棱两可和相互矛盾所制造的显在,既是系统的实现又是系统的障碍。

死亡抵制模型化,抵制拟真。实际上,它的预期性的缺乏和控制它的难度处于驱动冷战的各种各样的系统、政策和逻辑的中心。死亡是一个无法比较的事件,必须不惜一切代价加以消除。在爱国主义的然而是威胁安全、和平、"我们的生活方式"等的秩序之下,整个冷战的精制设备被制造和发展出来,同时还带有强烈的反响进入当下——迄今为止,包括自然或神的领域,所有的一切都在全力以赴地防止死亡。在一位看起来像保尔·维尔利奥(Paul Virlio)的对话者的诗人欧卡提维奥·帕兹(Ocatvio Paz)的引导下,波德里亚根据这一不幸事件讨论了死亡(SEaD 160—166)。因为正如帕兹所争辩的,现代科学和技术,包括医药,已经把流行病和自然灾难转变为可解释的和可控制的现象。合理的秩序能够解释和包含任何对它构成威胁的事情,正如完整的现实所能做到的一样(合理的秩序是另一个换喻,正如全球是另一个换喻一样)。如此,死亡成为意外,需要被包含和被控制,需要被解释和被预见。如果死亡等同于意外,意外威胁合理的秩序,波德里亚认为,那么,作为意外的死亡还威胁政治统治和权力,"因此,警察出现在灾难的场景中"(161)。死亡是一种瓦解,它使所有的秩序和稳定失去平衡。

从作为一种历史现象的冷战高度上,主要的权力集团严重地依赖于合理的秩序,这一秩序是游戏双方承认(至少在他们之间)并发挥作用的。它导致了强大的和高度武装的相互确保毁灭的对峙,达到了核事故或计算机事故的恐怖的奇观。这一导弹的不可能交换的意外发射,按照老一套自信的说法,是这些理性的和正常的国家使用核武器的"唯一的方式",因此,意外核战争的文化表征的许多例子,填充了大众媒介(使世界同义于《岛屿》所描绘的拟真的荒芜之地)。在对立面和自身的假定的合理性控制中可以看到,在全球规模上引入了包含死亡的拟真。无论是战争游戏还是意外发生的拟真脚本,事变的模型化成为一种巫术的或神秘的手段,它控制解放的力量和预见未来的可能,以防止意外(或事变)——预防死亡本身。

思想过程或心理构造,要求规划和设计大规模的预先防止意外的模型,它们本身是一种思考的技术,并且这种心智技艺包含一个构建完整的现实的重要因素。拟真需要的不是去相信它自身的逼真,而是去相信它的改变事件、甚至改变死亡的能力。美国表征着这样的一种相信,并且从冷战到当下一直如此,它由此成为许多讽刺小说家的靶子。一位尤其受到波德里亚拟真思想影响的人物是丹·德利奥(Don Delillo),他的小说《纯粹的噪音》(White Noise),读起来像一本关于法国理论家写作的入门书。这篇小说的一个中心话题是一个叫斯姆瓦克(SIMUVAC)的公司,这一名字表征"拟真化抽空"。这一公司不断伪造抽空的各种各样的紧急事件,包括核事件,带有剧场和电影院的特殊效果:服装、音响效果、气味和血迹(如果需要的话)。在小说中,这一公司出现多次,但是它的首要也是最具辛辣意味的讽刺性出场是在一次实际发生紧急事件期间。采用完美的波德里亚的形式,这一公司的运作既采用拟真也为了拟真,它利用现场的紧急事件演练(或拟真)自身的拟真化紧急事件,包装和销售商品给各政府机构。

小说主人公要求一个斯姆瓦克的雇员,在实际的危机中评估他们的演练。这一斯姆瓦克的有经验的员工以黑色幽默的形式回答说:

> 凹进去的弧线不要像我们喜欢的那样平滑。存在可能性过度。再有,我们没有把我们的遇难者展示出来,如果这是一次实际的拟真的话,我们是需要他们的。换句话说,我们被迫要把我们的遇难者带到我们发现他们的地方。我们不能一下子使其转变为一场发生在计算机上的交通事故。突然,它三维地爆发了,波及整个荧屏。你们必须确保这样一个事实,我们今晚所看到的一切是真实的。存在很多需要完善的地方,但是,那就是这一演练的全部。(139)

这一段包含诸多精彩戏仿的例子,语言在官僚手里历经奇想磨难,无意义的句子成为技术行话,包括"凹进去的弧线"和"可能性过度"以及令人愉悦的逆喻"实际的拟真"。但是,在这一戏仿之外,德利奥唤起了深深扎根于冷战的美国的思想技艺,波德里亚在多层面上实践过这一技艺,它揭示出对拟真所提供的权力和控制的深度卷入。实际上,拟真吸引人的要素就是控制,比如身体的安置,它是由实际的灾难来安排的,不必关照或不必与模型制造者协商。当斯姆瓦克的雇员提出事情需要"完善",因为"我们今晚所看见的一切是真实的"时,我们目睹了后退到由拟真提供的舒服的欺骗,尽管它的讲究实际(no-nonsense)对顽固的实用主义宣称——"那就是这一演练的全部",他断言。斯姆瓦克作为一个公司,出售有备无患,这一能力是使大家警觉起来并做好准备,但是只要一切还都处于模型中,这也只能是传递一种承诺。(如果事件并不处于这一模型之内,那么,这一公司可以使用"意外"更好地纯化它们的拟真和技艺。)同样的是机构的真实,这是对意外的恐惧——并且是意外所表明的恐惧——正如波德里亚(对不起,帕兹[pace Paz])所分析的。完整的现实的每一部分都生活在事变的恐惧中,因为它们能够"三维地爆发了,波及整个荧屏",不再处于这一系统的控制之下。所有这些各种各样的机制、系统和技术承诺包含被包含的拒绝。波德里亚就此写道,这是客体的复仇,处于明晰和完美的系统之外的客体是难以控制的。死亡从内和外蔓延到受保护的拟真企业。

波德里亚作为一个相当技艺化的风格作家和在修辞传统中另类的修辞学家,同样把他的写作本身作为死亡来调动,与在学术话语内起作用的系统相联系。从20世纪60年代后期起,他的写作和书籍已经在相当大的程度上偏离了社会学的或哲学的标准和学术写作的传统，而进入（长期以来被废弃的）人文写作的传统，并且把它与最流行的新闻写作结合起来。什么在人文和社会科学之内构成标准的争论，什么使得知识与知识的形式和构造严重地依赖于一个给定的对这些传统研究的坚持。波德里亚的文本的死亡提供了"致命的策略"，有意消除实际的思想死亡，它可能来自于日常化的、单一知识的构成。格言式的风格，最直接地借自于尼采，以一种非线性的方式在起作用，因此，在他的所有著作中，制造了一贯而持续的论题。波德里亚戏弄理念，解决疑难，在各种改变中检验理念从一种语境到另一种语境的作用。结果，他的写作既是可阅读的又是可欣赏的，同时也是困难的和令人生厌的。像他的朋友威拉利奥（Virilio）一样，他并没有以一种全面的或线性的方式发展他的观点，而是允许破碎、离题和夸张，把思想带离过程，把读者放置在舒适的（尤其是如果他们已经阅读过19世纪的哲学家）和困惑的文本空间。

为了达到这一目的，他复活了过时的哲学话语，而与此同时把晚期现代主义诗歌的感觉加在其上。后者的性质最明显地出现在他把词语作为写作的护身符来调动以及作为询问自身的场所：标签和短语的策略性部署试图使我们注意到它们的灵活性和可怕的吸引力、阐释和说明不稳定现象的稳定性能力。波德里亚总是当代的，他的思想固定在当下，他的术语总是根植于当下的时刻。他依赖于前辈作者的形式整理他的思想和思考，也就是，经常通过写作行为把比如有些不成熟的和即将进入焦点的东西显现为思想和思考。他的写作风格的过程特性是引入死亡,而死亡不可能在死气沉沉的学术语言王国里被恰当地表征,因为这一语言是在学术话语实践内被死板地坚持由标准驱动形成的惯例构造的。

在一个重要的意义上,波德里亚提出死亡是理论的拯救,还主张拯救就是死亡。自从广岛和长崎的爆炸以来,达摩克利斯(Damocles)的核子之剑就悬挂在我们头上,我们已经滑入了一个持续不断的即将发生全球死亡的境地,所以,它是迅速而可怕的,已经超出我们的想象。波德里亚在《美国》(America)中写道:"如果炸弹扔下来,我们将既没有时间去死,也没有任何的濒死意识。"(42)回应新弗洛伊德精神分析学家恩斯特·贝克尔(Ernst Becker),波德里亚认为,在美国的时代,死亡已经公开地从我们的地平线上移开,而我们这些跟随美国全球化脚步的人们,已经轻易地和精确地步入一种日常安逸和物质享受的状态,通过一个电子技术、光电子学和国际弹道导弹的庞大的编队来搏击和保护,所有手段都意味着使死亡处于困境,存活上升为头等大事。在这一技术、知识和经济物资任性的结合里,生命达到绝对的存活(43)。只有存活才有死亡。我们对全球化的保护性包围,反过来保护和包围了我们,使我们存在下去,它复活了冷战早期出现的乔治·罗摩罗(George Romero)的预言性的恐怖影片:存在如同还魂尸一样存在,既不活也不死,但是精神失常和白痴地挥霍掉眼前的一切。

波德里亚把死亡从"无法存活的"或仅仅是苟延残喘的炼狱

般境地中解救出来。为此,他从大众那里得到提示,大众是这一武器和生活方式的靶子。自从原子弹第一次在新墨西哥和日本爆炸以来,他们对存活设施的完全被动——从核掩体到星际大战——来自于对不间断地面对启示性视野的厌倦,他们"用想象的缺乏来保护自己"(44)。他写道:"大众对核武器灾难的麻木不仁的沉默(无论它是来自核阵营还是来自反核阵营),因此成为一个非常有希望的符号,是一个非常重要的政治事实。"(44)把死亡理解为存在于系统内外,如同存在于有限的生命(bios)和无限的生命(zoe)的内外,就是要抵制冷战和反恐期间一直悬在我们头上的死亡的拟真。死亡的拯救,同样是对波德里亚写作、思考和分析的拯救,它给我们提供了一种工具,把这一特殊的残忍的过度带回我们的集体的参照框架,不是由于虚无主义,而是为了抵制存在于充分完成和实现的所有工程内部的虚无主义,它们已经把政治、主体、客体、思想和理论变成为拟真。

Works Cited

Baudrillard, Jean. (1993 [1976]) *Symbolic Exchange and Death*. Trans. Iain Grant. London: Sage.

——(1983) *In the Shadow of the Silent Majorities*. Trans. Paul Foss, John Johnston, and Paul Patton. New York: Semiotext(e).

——(1990) *Fatal Strategies*. New York: Semiotext(e).

——(1994) *Simulacra and Simulation*. Trans. Shelia Faria

Glaser. Ann Arbor: University of Michigan Press.

——(1995) *The Gulf War Did Not Take Place*. Trans. Paul Patton. Sydney: Power Publications.

——(2002) *Screened Out*. Trans. Chris Turner. London: Verso.

——(2005) *The Intelligence of Evil or The Lucidity Pact*. Trans. Chris Turner. Oxford: Berg.

——"The Mask of War", C. Theory, www.ctheory.net trans. Alex Barder, Nov. 2005. "This is the Fourth World War: The Der Spiegel Interview With Jean Baudrillard", http://www.ubishops.ca/Baudrillardstudies/spiegel.htm International Journal of Baudrillard Studies 1: 1 Jan 2004.

Eslillo, Don. (1985) *White Noise*. NY: Penguin.

Hegarty, Paul. (2004), "Interview with Jean Baudrillard" in Paul Hegarty Live Theory. London and NY: Continuum.

The Island (2005) dir. Michael Bay.

亚利桑那自我中的东部时间:
波德里亚论猿猴的行星

约翰·贝克

威廉姆·布拉德福德(William Bradford)在这一事件发生大约十年之后写道,当 1620 年冬天从"五月花号"上岸时,这群殖民者必须思考所面临的困境,他们处于无法弥补的过去和可怕的将来之间。在眼前,他们能够看到的是"丑陋的和荒凉的旷野,充满野兽和野人";在身后,他们没有回头路可走,因为"那是他们曾经渡过的威力无比的大海,而现在则成为一个使他们与所有的文明世界隔绝的主要障碍和深渊"(Bradford 2002:315-316)。这里,可以预想他们在失去返回文明社会的任何希望后对新世界的恐惧。在布拉德福德初次登陆的三百五十年之后,让·波德里亚体验到类似的被遗弃感,他宣称要想"看见和感知美国(……)你必须至少在某一时刻拥有(……)欧洲已经消失的感觉"(Baudrillard,1988:104-105)。

由于失去了物质和文化上的语境,布拉德福德和波德里亚只好依靠把自身的经历转化为他们可理解之物,进而在这一认知的荒蛮之地思考他们的生存。对于布拉德福德来说,这涉及到以象征性闻名的《圣经》注释技术,借此,《圣经》的反式(antitype)可以被解释为对人、事件或地点的预测。如同犹太人,这些清教徒逃脱迫害,开始"旷野中的使命",建立新耶路撒冷。尽管美国是荒凉的,不过它很快就被布拉德福德所认识。波德里亚也有一些相同和类似,他提供了一种在新世界获得立足点的方法:欧洲积累的关于美国的观念和长期观看美国的电影和电视节目。尽管他们关于从欧洲起锚的谈话总是忧郁的,但每一次美国最终都作为一个异常熟悉的目的被抵达。

自从至少是墨西哥历史学家艾德蒙多·欧·高曼(Edmundo O'Gorman)在 1958 年出版《发明美国的历程》(*EI proceso de la invencion de America*)一书以来,美国是被发明的而不是被发现的,这已经成为一个观察的常识。先发明,然后确定任何与这一大陆可能发生的实际遭遇的可能性条件(O'Goman,1961)。在高曼(O'Gorman)著作英译本出版的同一年,颇具影响的英裔美国人马尔库斯·坎利飞(Marcus Cunliffe),在为文学杂志《遭遇》(Encounter)撰文时,重申了这一观点,即对于大多数欧洲人来说,"美国从未存在过",而只是作为一个神话发生过影响(Cunliffe,1991:311)。在很大程度上多亏了高曼,当代历史学家在本土的和探索者的文化之间使用"遭遇"和"接触"的话语,而不再使用单向的"发现"和"占领"的叙述,术语的改变已有多年。(Castillo,2005;Pratt,1992),同时,"想象的美国"这一观念成为一个有影响力的模式,即美国是如何脱胎于欧洲人关于一个未知大陆的幻想的,无论是宗教对未被玷污的新开始的希望,还是民主启蒙的梦想或探险者对无法想象的财富的渴求。

波德里亚1986年出版的《美国》(America)一书,在欧洲人写美国的具有重要价值的著作中,处于不可动摇的地位,它框定了"想象的美国"模式的一个或另一个版本(Mathy,1993)。在2005年,波德里亚这样提醒《纽约时报》的采访者(Solomon,2005):"法国恰恰是一个国家,而美国是一个概念",但是它是一个处于物质形式中的概念,一个先于它的思想的化身。他在1986年宣称说(Gane,1993:135):"在我以往的著作中,我最初考察过的所有主题,突然在美国呈现出来,以具体形式在我眼前延展"。波德里亚在《美国》中承认:"我处于我的想象之中,我实际上很久以前就来过这里"(Baudrillard,1988:72)。

像从图克奎威拉(de Tocqueville)到亨利·杰姆斯(Henry James)和其他人的著作一样,波德里亚在欧洲和美国之间建构了一种二元关系,这使他在时间和空间、自然和文化、野蛮和文明、表面和深层的差异中做出了一系列相当流行的评论。欧美文学的学生们马上会识别出这一策略,尽管它不只限于欧洲的作家们;美国文学也有自己的"想象的欧洲"的发明(Bradbury,1996;Giles,2002)。传统上,所谓的美国习性,即地理先于历史,质朴先于精致,天真先于经验,行动先于沉思,被解读为既生机勃勃又极具吸引力。这些特点倾向于表达这样一种状况,即美国已经使自身从古板的传统和偏见中解放出来,而且将来(美国永远是将来)比过去更加世俗和浅易。波德里亚沉浸于大西洋彼岸的这样一种信念,这使得他的美国写作展示出所有这些特点,同时也成为对《美国》的批判性接受显著充满敌意的主要原因之一。因袭的二元性在《美国》中接二连三地出现,波德里亚使用陈词滥调几乎是毫无意义地在进行讽刺性调情。更确切地说,他表现出一种懒惰的重复。

作为法国理论的显赫代表,波德里亚的这一身份毫无疑问地遭来了如此众多的对于《美国》的批评。当然,正如我已经表明的,两个世纪以来有关美国的其他著述所涉及的内容,波德里亚的这本书似乎未置一词。但是,波德里亚思考美国特征时的明显懒惰和发表陈词滥调时缺乏省思的自在,通过存心晦涩的"后现代主义者"的哲学优势,经常用于解除束缚。接下来的批评来自人类学家安娜·格利姆树(Anna Grimshaw)和凯伊斯·哈特(Keith Hart),这是波德里亚不断受到的非常典型的批评:"作为近年来后现代写作的有代表性的例子,波德里亚的《美国》是对整个知识阶层的一种谴责,这一阶层的战后特点已经使他们从现代历史运动中分离出来,以至于他们仅能在美国看到一面反映他们自身异化的镜子。"他们宣称,波德里亚"在他者在场的非中介化世界里独自地思考"(Grimshaw 和 Hart,1990)。

如果我们要寻找对偏见的非反思的懒惰重复,那么这里就有很多,包括这样的观点,即"后现代主义写作"只是表征了一种特权的和无人企及的、超级受教育的天才的自我沉溺。比起格拉姆树和哈特在研究中能够收集到的批评,还有对于波德里亚《美国》

的更好和更有说服力的批评，比如来自道格拉斯·凯尔纳（Douglas Kellner，1990）、巴拉·斯马尔特（Barry Smart，1993）、凯林·卡普兰（Caren Kaplan，1996）的批评，但是，我在这里的目的与其说是要再次评述这些争论，不如说是要探究这样的可能性，即比起欧洲知识精英的常见偏见，对波德里亚的"想象的美国"的偏见，更是有过之而无不及。

事实在于，"想象的美国"模式不仅仅是一个超级决定论的欧洲中心主义的关于发现或发明的叙述，而且还是美国政治自我表现的一股强大的力量，是与"追求"自由和幸福这一观念密切相关的。在这一具有未来指向的自由探寻式叙述（quest-narrative）中，美国的一切恰恰以波德里亚的想象方式意指美国"理念"：美国的客体就是美国的价值。对于波德里亚来说，欧洲人"悲痛欲绝"的隐喻消失，在美国却被欣然接受，因为美国是一个这样的国家，它的"事物、面孔、天空和沙漠都被期待成为它们的单纯所是"（Baudrillard，1998：27—28）。所以，为了最大限度地接近这一"成为残酷的质朴的机会"，美国自我描述的平庸在《美国》中被快乐地重述着：沙漠这张白纸正等待被书写；种族差异成为出现新身份的证据；通过加速占领空间来标明目标实现的速度；波德里亚称之为"原始的"美国社会——还意指"原初的"和"自然状态的"——是天真的，也因此是不受束缚、不受抑制的，并且是"自由地"追求它的欲望的。汽车、公路、汽车旅馆、游泳池、超级市场、软饮料、平原、高山、地铁，从未仅仅是事物，而是自我在场意识形态的化身：它是"总体有效性的奇迹"（1988：8）。是的，这是一个关于美国物质文化的典型的欧洲式阅读,也是普遍流行的由政府和商业机构讲述的关于美国生活的官方叙述。

在内化它的所有修辞手段的同时,波德里亚尤其善于表现与这一美国话语相异的话语是什么样的。对于波德里亚来说,在这一美国话语之外确实无法接近美国:"你必须做的是进入美国的虚构,进入作为虚构的美国。"他承认:正是"在这一虚构的基础上,美国支配了世界"(1988:29)。确实,这种对波德里亚美国旅行叙述的支配性表达,带有一种潜在的批判锋芒,甚至扭曲了他的最夸张的对美国文化的赞美。他写道,"美国是强大的和原初性的",但也是"暴力的和可恶的。我们不应该去探求否定任何一方面,也不与它们做出妥协"(1988:88)。

对美国大众文化的无限需求和它的全球影响力的扩张,在波德里亚身上没有缺失,他像任何偶然来到纽约或纪念碑峡谷(Monument Valley)的旅游者一样,着迷于珍藏的电影院记忆所受到的物质肯定。波德里亚在书中记录的这种非海姆利克(unheimlich)经历,对于游览美国的非美国人并不陌生。这是因为与现实中的美国,两者是相同的,但是非常不同于由再现输出所建构的美国理念。作为图像内容,美国很容易被归化,但是作为居住地,它是极度原生态的。我认为,正是这一点使得波德里亚《美国》成为一部发人深省之书:它叙说于一种语言——美国人象征自由的语言——它并没有完全理解,像一种语音翻译。或者,也许更确切地说,它叙说于一种通过阅读和观看而不是通过交谈学会的语言。舍此,它可能一事无成,因为波德里亚研究拟真的关键点在于，不存在外在，不存在美国客体的合法化修辞可以被视为修辞这样的视角。正是在这一方面，美国"支配了世界"，而且还支配了波德里亚《美国》前三个部分的文体。

在像德国的电影制作者威姆·温德尔斯（Wim Wenders）或英国的摄影家米歇尔·欧曼德（Michael Ormenod）这样的欧洲人拍摄的美国图片中，可以看到类似的可选择视角的消除。在任何情况下，他们的图像从形式和主题上都复制了几代美国摄影家的工作，似乎美国视觉文化的语法抵制了不同的构造，并且最后总是必须言说同样的事情（Wenders，2001；Ormerod，1994）。至于波德里亚关于美国的写作，我们必须问：这些作品是在以某种承继关系有意模仿其他作品吗？为了获得批判效果，它们是在讽刺性地重复常见的比喻吗？它是缺乏想象、视野狭窄吗？或者，除了那种观看、写作、再现的方式，不存在其他方式吗？至少对波德里亚来说，我认为答案是后者。

在"想象的美国"的话语内部，波德里亚文本里偶然的种族主义和性别主义的痕迹并不令人意外；在资本主义民主世界秩序的例外修辞内部，为什么历史不应该终结？在严厉的个人主义词语内部，为什么波德里亚不应该"在他者在场的非中介化世界里独自地思考"？确实，这是美国自由主义的另一面——这一把世界存于自己图像中的权利是不言而喻的。从这一观点看，波德里亚的遭遇不像图克奎威勒而更像丹尼尔·布耐（Daniel Boone），布耐不得不持续地向西部迁移，以便脱离曾使国家获得安全保障的这一共同体。更有甚者，波德里亚如同《猿猴的行星》（Planet of the Apes,1968)里查尔顿·海斯顿(Charlton Heston)所扮演的泰勒,一个被抛入由未来原始文明栖居的陌生沙漠的人——他说,他是"沉默的大多数人的航空传教士"(Badudrillard,1988:13)。当然,泰勒的某些观察并不缺乏波德里亚喜欢的那种夸张法:"时间清除你所知道的一切——它们都是尘埃";"仅有一种现实存留下来。我们在这里和它是现在";"从这里往外看,一切似乎都不相同。时间是弯曲的,空间是无限的。它压制一个人的自我。我感觉孤单"。

在某种程度上,《猿猴的行星》(planet of the Apes)的比喻似乎是特别地贴切。在这一电影里,猿猴的社会沿着心照不宣的民主路线被组织起来,但是社会秩序是通过对历史真实——人类文明先于猿猴文明——的拒绝来维持的。统治城堡的猩猩面对敏捷、无光泽但强壮的大猩猩的武士阶层,一直保持着权威。自由而智识化的黑猩猩在两者之间没有力量称雄,只能私下抱怨。泰勒简直就是返回死亡文明的最后一人,当然,他的价值首先在于引发了导致猿猴文明的灾难。由于无法相信还有比人更伟大的生灵,他的反抗最终暴露了猿猴一直掩盖的真相:启示已经表明,这一沙漠实际上是纽约市的遗迹。伴随泰勒面对自由女神像的毁灭,影片的这一著名的结尾场景不仅作为毁灭中的美国形象引发震撼,而且由于在地理上把我们投回东海岸,它正在加倍地失去稳定。从影片一开始,视觉环境一直是占据优势的西部。泰勒的太空船坠落在靠近亚利桑那的佩奇(Page)的鲍威尔湖(Lake Powell),影片的前面部分利用了古代西部悲惨的沙漠;而在影片的结尾,悬崖峭壁还是可认知的西部地理的一部分,这是环绕马里布(Malibu)的南加利福尼亚的海岸线。当自由王冠进入视野时,相伴的却是明显在太平洋环境中生长出来的纽约市这一典型偶像,这一令人迷惑的功能在相当程度上达到了震撼人心的目的。当干旱的西部景象使时间成为可见之物时,这一影片通过美国地理的倒置达到高潮。在影片中,西部作为后灾难东部的一种视野在起作用:启示之后,纽约看起来像亚里桑那和加利福尼亚——在可怕而深不可测的历史作用之后,东部看起来像西部已有的面貌:凋零、冷漠以及被奇异之物所栖息。

这是波德里亚建构的一种关于美国生活经历的叙述,在那里,西部代表整个的美国、甚至整个的世界。波德里亚是最后一人,自我处身于他所"发现的"这一社会之外。对于泰勒来说,已经实现的是,他相信他无意中陷入的这一奇异的他者世界,实际上是他自己的世界和价值的产物,他并没有迷失而是一直呆在家里。波德里亚指出,"这是一种美国人的生活方式"。欧洲人认为,这样的一种生活方式是"天真的或文化上毫无价值的",而实际上它将提供一种"我们的价值终结的图像再现"(Baudrillard, 1988:98)。在《美国》一书里,令人感到不安的是,与《猿猴的行星》里的泰勒一样,波德里亚发现,他在遭遇可怕的未来社会时说着同一种语言。

霍伯尔曼(J. Hoberman)在关于这本书英译本的评论中指出,《美国》使波德里亚被奉为"里根时代的桂冠诗人"(Hoberman 1988:15)。回顾过去,这一评价既是真实的又是虚假的。《美国》

在美国出版时,美国人与波德里亚的亲近关系——最热烈时是纽约艺术世界对他的强烈吸引——正在冷却。自从1983年符号文本出版社出版《拟真》(Simulations)以来,对于像杰弗·考诺斯(Jeff Konos)和谢丽·利温(Sherrie Levine)这样的艺术家生产的新概念主义作品,波德里亚一直在提供时髦的"理论"阐释。然而,在1987年惠特尼现代艺术博物馆(Whitney Museum of Modern Art)的讲演中,波德里亚对追随者采取拒绝姿态,宣称他们完全误解了他的研究。正如辛维拉·洛特格尔(Sylvere Lotringer)所观察的,在欧洲新表现主义占支配地位一个时期后,波德里亚的研究"已经不愿贡献给那些重建时髦的美国艺术和甚至更加时髦的艺术市场的先锋们了"(2001:153)。

波德里亚对艺术世界拥抱的拒绝表明一种坚持,即他对拟真作为发达资本主义条件的批判性估价,这一点太容易被曲解为默认。把波德里亚称为里根时代的桂冠诗人之所以是真实的,因为波德里亚的写作成功地进入了呈现新自由主义的美国帝国话语的内部,这一话语拟真化了典型的"美国"价值;但是它又是虚假的,因为波德里亚的文本,尤其是关于美国本身的写作,把自身纳入带有令人忧虑的无缝性的那些价值,批判距离的缺乏——借助这一必要条件,距离的取消能够被感觉是无效的——很容易地被阅读为对批评的拒绝。我宁愿相信,波德里亚是在探索如何表现批评所遭遇的强制性瘫痪。

在20世纪60年代,作为一个美国道德焦虑的寓言,《猿猴的行星》的权力部分推出查尔顿·赫斯顿(Charlton Heston),不是作为人类的救世主,而是作为问题的典型,这位演员曾经扮演班·赫尔(Ben Hur)、约翰·德·巴蒂斯(John the Baqtis)和莫塞斯(Moses)等角色,一度成为正义的圣徒般的美国英雄的好莱坞版本的体现。而《猿猴的行星》对作为偶像的赫斯顿(Heston-as-icon)的去魅,以及接下来的活命主义者的启示录电影,如《奥梅哥人》(Omega Man,1971)和《萨林特·格林》(Saylent Green,1973),都可以被看作是一个高大的青年表演者的聪明的职业活动。当冷战所认同的文化必然性被越南时代的偏执狂们扫地出门时,他能够意识到转过来反对他的浪潮。尽管在《猿猴的行星》中令人感动的是,影片一开始泰勒的犬儒主义和厌世情绪并不只是表明了一种遭遇挫败的浪漫,他的恐惧到影片高潮时才表现出来,而且这些特征还被置于作为美国乌托邦典型品质话语的傲慢之中,只有通过自由毁灭的展示,它才实实在在地回到现实。

像威廉斯·布拉德福德和泰勒一样,波德里亚同样面对过去和现在、旧世界和新世界之间一条明显的难以逾越的鸿沟,未来前景所展现的仅是"丑陋的和荒凉的旷野,充满野兽和野人",一种先在的未来,一种将来已存在之物。布拉德福德的解决方法是把旷野解读为这样一块土地,它的上面已经准备好了裁决日(Judgement Day)。对于泰勒来说,那一天已经一去不复返了,他被迫生活在"后历史"中。20世纪80年代波德里亚所经历的里根式美国,其"原始性"确切地说是这样的一种方式,即由公共支出和法律保护带来的市民社会的额外生长,因为新法案(New Deal)通过诉诸美国个人主义的"原始"概念,这一概念经过拟真的精心打造和神圣干涉末世论信仰的强化,已经如此有效地获得解决,它将最终被证明是一条从沉沦世界的浩劫中逃脱出来的路线。

实际上,尽管波德里亚显示出《美国》的很多篇幅受到拟真化美国的巨大权力的奴役,但是这本书的后四分之一部分,尤其是关于里根统治的段落,直接涉及美国的所谓的"实现了的乌托邦"(achieved utopia)的内涵,在讽刺中使先前的部分得到明显的解脱。在对里根政体的细读中,吸入来自这本书的越发出神部分的空气,其支配意义变得更加清晰。波德里亚指出,正是里根一直试图把整个美国转换为一个加利福尼亚的版本(一个"充满阳光的荧屏记忆"),通过引入系统,"简易生活激发敲诈,复活实现了的乌托邦的美国的原初契约"(Baudrillard,1988:108)。当个人主义从民主的最初许诺中存留下来时,里根的方案还没有维护美国人的"这样一种观念,即集体性地赋予他们的行为以意义"(1988:108)。

波德里亚认为,里根的"胜利的幻觉主义"(1988:108)的结果是,实在已经无法与图像区分开来,实现了的乌托邦的拟真能够消除令人困窘的异常:

> 但是这一简易的生活知道是没有怜悯的。它的逻辑是没有遗憾的逻辑。如果乌托邦总是已经实现了,那么,不幸福就不存在,穷人不再可信。如果美国复兴了,那么印地安大屠杀就不会发生,越南战争就不会发生。在里根经常与西

部的大牧场主或企业家会面时,从未有哪怕是一点给穷人和他们的存在的暗示,也没有与他们有任何的接触。他唯一知道的是财富的自我证明、权力的重复强调,他扩大了这一国家的维度,甚或是整个世界的维度。穷人将遭到谴责,被忘却、遗弃、完全彻底的消失。(1988:111)

这里,波德里亚提出的拟真政治经济学具有一种直接性,它反哺于批判性地揭示出自己前面文本中的修辞策略。在"想象的美国"的话语之外,不存在任何东西,因为它是排斥选择的和使其出自脚本的美国力量的一种机能。里根的新右翼对"实现了的乌托邦的叙述"的根本性占用,意味着确保社会正义和制度的国家事业"现在已经在上帝的(总统的)法令的视野中衰落。似乎'最后的审判'已经发生。善已经建立道德,其他已经被驱逐。不再需要善。不再感觉恶"(1988:112)。

波德里亚所认识的里根处于新自由主义重构过程的开始阶段,在下一个20年里,将重新在国民和国家之间塑造生态型的政治关系。在预期21世纪早期的政治争论的排斥性实践时,波德里亚的思考开始看起来像福柯那样的独特:

政府的政策本身正在成为否定的。他们不再设计社会化、完善或创造新的权利。在社会性和参与性呈现的背后,他们正在解社会化、剥夺公民权和令人毫无希望。这一社会秩序所订立的契约只包括经济交换、技术、高度发展和创新;

当它强化这些部分时,整个区域'被拆散了',变成保护区,有时还不及如此:抛弃之地、荒芜之地、新穷人的新沙漠,如同你所看见的在核电站或高速路周边形成的沙漠。没有任何措施可以拯救它们,或许根本无事可做,因为剥夺公民权、启蒙和扩张已经发生了。(1988:113)

那么,来到《美国》的结尾,波德里亚开始概述对拟真功能的宽泛理解,把它作为一种延续和拓展国内政治权威和主导海外事物的手段。面对冷战的结束,美国"焦虑于挑战它的权威的意识形态的消失,焦虑于先前反对它的所有力量的削弱"(1988:115)。对于波德里亚来说,作为"无法辩驳的、无可辩驳的"权威,美国的权威现在已经成为"一个(贸易、市场、自由企业、表演)模型——并且是一个普遍的模型——甚至覆盖到如此遥远的中国。现在的国际风格是美国式的"(1988:116)。他指出,这一效果在于,有意义的敌人的缺场意味着美国可以不战自胜。这一来自虚假胜利的稳定是脆弱的,是"一种通过惰性、通过权力在真空中消耗的潜在的稳定"(1988:116)。

在《美国》中,在实现了的乌托邦的美国修辞之外,无物存在。对于波德里亚来说,它清除了所有选择。当里根复活的冷战被不断上升的新右翼(New Right)驱动时,它重述了美国的排外主义和上帝选择人民去战胜外在"邪恶"的不容置疑的合法性,目标至少是垂死的苏联。正是里根采用恰当的力量,最终帮助打倒了俄国人。布什二世王朝一直在探索对同样神圣的美国自由价值的需求——劝说"9·11"后的纽约人：购物去——事实是，敌人不可能被如此方便地外在化。我认为，在实现了的乌托邦权力的美国全球语法之外，不存在任何东西，波德里亚在20世纪80年代的这一认识获得了新的意义。

在《恐怖主义的精神》(*The Spirit of Terrorism*, 2002)中，波德里亚承认，"9·11"袭击表明美国系统的支配性已经使暴力抵制环境成为可能：

> 当全球权力控制局面达到这样的程度，当专制机制的所有功能获得这样一种可怕的凝聚，当其他的选择性思考被彻底阻断，除了恐怖局面的调动，还有什么其他方式？正是这一系统本身为野蛮报复创造了客观条件。（Baudrillard 2002:8—9）

这里，有一个敌人"在玩这一游戏，唯一的目的就是破坏这一游戏"，他"已经掌控所有的具有支配性威力的武器。金钱和股票市场投机、计算机技术和航空技术、景观和媒体网络——它们已经吸收了现代性和全球化的一切，无法改变它们要摧毁那种权力的目标"(2002:19)。我认为，这一最后的观察是一把钥匙，因为它驳斥了作为总体虚构的美国话语观念，表明它的语法可以用来叙说不同的事情。事实是敌人已经"利用美国日常生活的平庸作为掩盖和伪装"(2002:9)。

在这一点上，波德里亚要求我们去做他先前发现的不可能针对美国做的事情，在这一支配性模型的制约之外去思考。他指出，我们必须"抛弃我们的西方视角"(2002:21)。这是真的，布什政体无法（也不愿意）这样做，它已经成为灾难。但是如何做到这一点，并不清楚。为了描述20世纪80年代的美国，波德里亚发现自己在拟真美国当时当地的陈词滥调。甚至当他的叙述模仿实现了的乌托邦的支配性的美国话语时，"我们"这一代词指欧洲人，而"他们"指美国人。在《恐怖主义的精神》中，"我们"指西方人，"他们"指敌人。当波德里亚表明"我们"要像"他们"那样思考时，他似乎还倾向于根据二元性来进行研究，类似于由官方的美国（和英国）话语决定使另外一方外在化。

对于波德里亚来说，"9·11"袭击表明，存在另外一方，一种对美国权力的阅读，它可以移入美国权力的内部，但是始终作为它的他者而存在。这另外一方的不可知性，相当准确地被波德里亚部署的关于"我们"和"他们"的二元对立所捕捉到了。"我们"正在遭受的挫折是，"他们"已经历经磨难，"没有一天不希望毁灭我们"(2002:23)。要学会面对，我们知道财富的积累与国家权力的巩固是有关系的，"新法则不是由我们制定的"(2002:23)。波德里亚指出，这一新词汇的含混性可能仅仅部分地和不确切地被翻译回到以正确性为化身的美国（现在西方的或全球化的资本主义）话语中："我们的"对恐怖主义的解释失败于去理解超出它之外的东西(2002:23-26)。同时，那种话语的有效性，通过它的"对于平庸图像的不间断挥霍和虚假事件的平稳传播"——确切地说《美国》所生产出来的效果——已经在恐怖分子部署和重新想象的图像和事件的激进化中被削弱了(2002:27)。

波德里亚推测,这一"自由理念正在从心理上和观念上消褪",全球的解管制化"在最大限度上结束了控制和规范"(2002:32)。通过《恐怖主义的精神》阅读《美国》,它变得清晰了,这一直是波德里亚思考美国的焦点。该书前面部分的幽闭恐怖症式的平庸,在当时经常被批评为精英的懒惰重复,现在可以被更恰当地理解为对美国这一话语牢笼的说明,波德里亚从中感觉到了,但也无路可逃。他拒绝赞同纽约艺术界对他的著作的阅读,因为这样的阅读仅仅深化了艺术市场的肯定性质,以他的名字做交易表明了这样一种认知,即对《美国》在1988年出版英文版的肯定。在他的关于《声音的文学补偿》(Voice Literary Supplement)的评论中,赫伯曼(Hoberman)解释说,《美国》呈现出"作者似乎平稳地从知识时尚中走出来"(1988:15 Hoberman),因为他已经意识到艺术世界对他的著作的误读,《美国》可以说是部分地作为一种破坏行为发挥了影响,同时是对作为名人的波德里亚的一切误解的超级证实,也是一种他的美国读者曾经依赖他去批判性地重估的价值和比喻的一种无能力重复。以这种方式来阅读,对于通过欧洲知识阶层的无力凝视而折射出来的美国的自我形象来说,《美国》成为一种有毒的礼物。同时,《美国》提供了一种对作为美国霸权功能的美国拟真的伤害式阅读,它不仅讽刺雅皮士(忙于投资纽约艺术品市场,通过与波德里亚的调情来批判性地获得支持),而且勾勒出后冷战时代美国二元政治野心的轮廓。

正如在《恐怖主义精神》(*The Spirit of Terrorism*)中波德

里亚的观察所表明的,"9·11"袭击在美国全球主导权中所开启的裂痕,被波德里亚解读为某种时机,通过这一时机,他自己的对外在的想象可以被追寻。在这本书的后半部分里,面对天才的拉姆斯菲尔德的"无知",波德里亚把自身包括在"我们"之内的意愿,被部署去明确表达了"我们"所处的困境。失败于思考"想象的美国"这一典型话语之外的生活,已经产生了灾难,这一灾难一直暗含在从里根那里继承下来的末世论的倾向里。后"9·11",《美国》充分注意到了"无人挑战的、无法挑战的"美国超级霸权的危险。这部无力超出美国话语的自我想象语汇的著作,现在似乎很难说是波德里亚部分的失败,而更多地是对一种出发点的控告,即话语超出美国文化和政治生活,拓展到包括非美国人把美国理解为除它说它所是之外的任何之物的能力。波德里亚感觉,在美国"已经消失"的欧洲可能是无法恢复的,但是"想象的美国"作为咒语也不再是充分的。

Works Cited

Baudrillard, Jean. 1988. *America*. Trans. Chris Turner. London: Verso.

Baudrillard, Jean. 2002. *The Spirit of Terrorism*. Trans. Chris Turner. London: Verso.

Bradbury, Malcolm. 1996. *Dangerous Pilgrimages: Transatlantic Mythologies and the Novel*. New York: Viking.

Bardford, William. 2002. "Of Plymouth Plantation." In Paul

Lauter, ed. *The Heath Anthology of American Literature*. Volume One. Fourth Ed. pp. 313－334. Bsoton: Houghton Mifflin.

Castillo, Susan. 2005. *Colonial Encounters in New World Writing, 1500－1786*. Performing America. New York: Rooutledge.

Cunliffe, Marcus. 1991. "European Images of America." In *In Search of America Transatlantic Essays, 1951－1990*, pp. 309－331. New York: Greenwood.

Gane, Mike, ed. 1993. *Baudrillard Live: Selected Interviews*. New York: Routledge.

Giles, Paul. 2002. *Virtual Americas: Transnational Fictions and the Transatlantic Imaginary*. Druham: Duke University Press.

Grmshaw, Anna and Keith Hart. 1990. "James, de Tocqueville and Baudrillard." The C. L. R. James Institute. http//:www.clriamesinstitute.org/baudrill.html.

Hoberman, J. 1988. "Lost in America: Jean Baudrillard, Extraterrestrial." *Voice Literary Supplement*. March, pp. 15－16.

Kaplan, Caren. 1996. *Questions of Travel: Postmodern Discourses of Displacement Durham*. NC: Duke University Press.

Kellner, Douglas. 1990. *Jean Baudrillard: From Marxism to Postmodernism and Beyond*. Stanford, CA: Stanford University Press.

Lotringer, Sylvere. 2001. "Doing Theory." In Sylvere and Sande Cohen (eds), *French Theory in America*, pp. 125 — 162. New York: Routledge.

Mathy, Jean — Philippe. 1993. *Extreme — Occident: French Intellectuals and America*. Chicago: University of Chicago Press.

O' Gorman, Edmundo. 1961. *The Invention of America: An Inquiry into the Historical Nature of the New World and the Meaning of Its History*. Bloomington: University of Indiana Press.

Ormerod, Michael. 1994. *States of America*. Manchester: Cornerhouse.

Pratt, Mary Louise. 1992. *Imperial Eyes: Studies in Travel Writing and Transculturation*. New York: Routledge.

Smart, Barry. 1993. "Europe/America." In Chris Rojek and Bryan S. Turner(eds), *Forget Baudrillard?* pp. 47—69. New York: Routledge.

Solomon, Deborah. 2005. "Continental Drift." *The New York Times Magazine* November 20. http://www.nytimes.com/2005/11/20/magazine/20/wwln—q4.html

Wenders, Wim. 2001. *Wrtitten in the West*. Kempen: teNeues.

让·波德里亚论人的目的

约翰·W P.菲利普斯

人的目的

让·波德里亚在他的生命即将结束之际回到了对一个问题的思考,这一问题潜在于他的所有写作,即人的问题,它的命运、它的智慧和它的目的。他写道:"人把它的生成(或许是它的存活)完全归于这一事实,即它自身没有目的,当然不是生成它是什么(关于自我完成、自我认同)的目的"(*Intelligence of Evil*,212)。这是关于人的历史的一种叙述。尽管被置于一个消除疑惑的简单方式中,但这是一个复杂的命题。首先,人的历史被认为是一种生成(becoming)。他有意不说存在或本质。然而,这是某种否定本质的陈述。人的本质暗含否定的性质。一开始,人"没有目的"。现在,在它不可能"自身没有目的"的范围内,人面对它的目的。这一否定不是辩证的。生成不可能与存在发生关系,除非借助死亡。所以,人的目的(它的意图,如果它有的话)是人的终结(它的死亡)。人类的目的是人类的终结。

在波德里亚的方案里,人有目的是理所当然的事情。首先,它需要部署一种持久的策略来反抗历史趋势,其目的似乎是使其结束或完成。当人面对未来的挑战和即将走向何处的问题时,人现在的立场在很大程度上取决于各种目的。目的总是在人要去做什么时才需要。目的可能会以一种意图、目标、诉求或甚至最后期限的形式被需要。像这样一些目的,与其说是被抵制的和革命的(无论是民主的、少数民族的、宗教的或军事的)模式所需要,不如说是被那些受军事或经济权力资助的科学确证所需要,并且它们被专断政治的运作所操控。"目的"可以在斗争中被给予,或以种族、后殖民身份的形式,对支配力量发起挑战或作为反作用的根据。一个有力的例子是,成千上万的欧洲人无效地示威反对伊拉克战争,他们使用的"不要以我们的名义"这一口号,不可避免地唤起一种身份和一个目的,以这一方式不可能使他们与他们所反对的权力区分开来。

因此,波德里亚关于人的目的的论述并不那么复杂。只要"它自身没有目的"是真实的,那么人的存活和延续就变成唯一。这不仅仅是一个意图、目标和诉求的问题。或许,拥有若干目的毕竟没有坏处。这一命题关注的是,目的作为它自身的要素变成目的作为它自身本身。这触及德国哲学传统,它承认自己的根源通过拉丁语回到古希腊之中。波德里亚在这里印证了一个陈述,它作为传统辩证法的矛盾性否定而呈现出来。这一"它自身的目的"的自在存在总是处于未完成的自为存在的"还未"。"在它自身"总是与"为它自身"相联系的。黑格尔在他的关于《哲学史》讲演中把它最清楚地阐释出来:"必定是某物被发展了,所以某物被隐藏了——种子、能力、潜在性;这就是亚里士多德称之为的dunamis(潜力),如可能性,或什么被称之为自在存在,什么在它自身,最初仅仅如此"(71—72)。在传统思想中——尤其在它的神学诸形式中——在某物(上帝或世界)的潜在、必然、本质的真实的意义上,自在存在是一种真实。习惯上,了解它们自身就要了解它们的真正所是。

黑格尔与大多数形而上学家(我们将在亚里士多德那里发现同样的模式)是一致的,他并不接受作为真实的自在存在观念。黑格尔的真实观念暗示,某物仅"在它自身"还不是真实。在它自身意味着还未。对于黑格尔来说,潜在是抽象中的真实:"它是真实的因子,真实的能力或潜在性"(72)。但是,仅在它自身的某物,抽象的某物,将不是实在中的真实。黑格尔关于自在存在的例子是一粒种子。

> 种子是单纯的,几乎是一个点,它小得难以看见,甚至在显微镜之下。但是,这一单纯的种子孕育了一棵树的所有性质。种子包含整个的树,它的干、枝、叶、颜色、气息、味道等。然而,这一单纯之物,这粒种子,不是树本身,树的各种性质还不存在。(72)

种子仅仅是一个例子,其情形适合所有的例子,但是它既具有独特的说明性质又具有一种历史优先性,它不仅仅是西方的(与形而上学不同)。种子的真实将是树。它的真实是它所生成之物;它的真实是它的生成。以某种方式,种子要生成之物(树)的抽象结构内在于种子之中。这一例子演绎了所有形式的冲突(一个例子从未仅仅是一个例子)。种子的观念在自然哲学中属于事物的雄性的、积极的、有活力的一面,倾向于与雌性的和被动的一面相对立,当然,从根本上说它与死亡相对立。这一理念是潜在的自身包含生成的力量(潜在和力量当然是同义的)。但是在这一情形中,生成的力量还原为仅在实在性中生成它所是之物(一个树)的力量。这是黑格尔的独具特色的神学欺骗:还未因此是抽象意义的已经。在这一情形中,换句话说,种子不能选择变成任何其他事物,而只能变成树。

当把他的思考作为辩证法(展开历史、精神、逻辑、意识、社会、自然、艺术等)的实在内容加以勾勒时,黑格尔倾向于不远离他的树木例子的内涵。似乎这一例子——作为一种抽象——已经以某种方式确定了它在黑格尔哲学世界里的实在性。这一例子服务于一种抽象——虚构或理念——仅在历史(哲学史和它与世界的关系)的展开中成为真实。在黑格尔长篇演讲的课程中,哲学史精确地展开,似乎它是一棵树,带有它的古希腊种子,而它的整个叶冠展开在德国理性主义的实在性中。

这一辩证法的法则暗示,实际上的还未之物因此是抽象的已经。它暗示生成的潜在或力量的预先确定。在他的研究生涯的早期，波德里亚转向卡尔·马克思和弗里德里希·德·索绪尔，他发现这一严格的法则在他们各自的生产和符号领域分别起作用。尤其在索绪尔那里，与任何假定的生成之物相关联，潜在可以被视为相当任意地起作用。符号的真实在于它与所指涉之物相关的任意性。抽象可以在相当程度上独立于它们生成真实的或指向任何实际的能力而被生产出来。人们可以把这一事实带回到黑格尔那里，他至少拥有在抽象形式里勾勒运作法则的特点。他所培育的种子并不回应任何已经内在其中的形状或形式，这应该是什么样的种子呢？在回答之前，人们必须做出区分。当我说"明天可能下雨吗"时，我提供了一个真实的可能性。然而，当我说黑格尔众多例子中的一个"苏丹鸟可能变成教父"时，我仅仅在表面上提出了可能性（地狱凝固，猪飞起来，这些是表面可能性的典型习语）。黑格尔所坚持的"真实的"潜在和"表面的"潜在之间的区分，并不反对这样的事实，即伪造的或表面的潜在可能总是在历史上生成真实。毫无疑问，存在有限的制约，在使其他几乎不可实现的同时，某种可能性会意外地或偶然地被允许。因此，种子理念意外或偶然地确定它的真实的形状和它将生成之物的形状，对我们来说，这具有重要的意义。

黑格尔的以种子和树为例的辩证法则，必须把潜在之物视为它自身。它在生产和消费、符号和真实的辩证法中生成真实，在很大程度上独立于它是否是一个伪造的虚构或一个真实的可能性。很明显，无论是马克思还是索绪尔，都以某种适应于他们时代的方式展开理论，这是所谓的资本和价值的古典时代。这里我们所证明的确实是一种力:在理论上和历史上具有杠杆作用的法则之力。但是这力,假定采取决定论的形式(假定生成像树之物),似乎不再作为潜在与决定它的任何事物相联系。黑格尔使用"力"一词,名义上属于自然领域,但如他所说,"类似地"指向伦理和政治领域。这力应该被视为"理解行为的客观复本"(Phenomenology,179)。力本应该是心的表达。为了掌握这里的关键之处,人们需要把力的观念和生成的结构从决定论中解放出来,在种子的例子中,至少承诺一种秩序化展开的方式。

像德勒兹和瓜塔利一样,人们总是能够用茎或草的观念代替树。这拥有坚持产生政治和伦理相似物本性的特性。尽管茎也是一种树,很少大量地呈现,根据它的块茎生长的多重结节,最大可能地维持一种相似性选择。它还是一种生长。波德里亚提供了相当不同的某物。让我们再一次看看我开始提到的命题:"人把它的生成(或许是它的存活)完全归于这一事实,即它自身没有目的,当然不是生成它是什么(关于自我完成、自我认同)的目的"(IE 212)。无本质和无身份:在这一程式中,人成为任意性的。它的自在存在不是以任何必要的或自然的方式与它的自为存在相联系。两种涵义如下:首先,这正是人始终处于的状态,并且总是已经处于的状态,这是它的原则;第二,存在(如果我们命中注定)或生成(如果我们幸运)的在场历史状况完全依赖于这样的方式,在此,这一原则被观察和被鼓励。波德里亚一贯的要旨是,与自为存在无关的自在存在原则,已经聚集了强大的动量足以调动它自身的力,反对它自身。因此,人的自在存在在关于伪造的和表面的自为存在图像——抽象本身——中,到处被追逐和攻击:一个虚构的行为、虚构的决定和虚构的智慧。

这一虚构的智慧是真实智慧的拟真,但是仅仅是达到这样一种程度,它的运作是根据一种迫切的需求,即必须不惜一切代价否定智慧在拟真中的来源。拟真和智慧是同一力的表达。尽管拟真化的智慧否定它的在拟真之力中的来源。似乎在对黑格尔神学的技术修正中,波德里亚把历史理解为在伪造的和表面的抽象的西方社会里对千百年来支配力的强化,这一抽象替代了真实。根据"价值规律的持续变革",他描述了这一强化。这里,我们可以认识到一种抽象,即它能够承认它自身的拟真之力。波德里亚的拟真标志是生产出来的,细致地关注历史生成的具体内容,为了同压倒一切的趋向战斗,它似乎被调动去还原拟真之力或否定它们,甚至当它表明这些力达到最大的想象程度时。

拟真剧场

自20世纪60年代后期以来,波德里亚开始揭示和分析抽象系统,这一系统强大到足以意指现实,进而生产伪造的真实。抽象被内涵所生产,如同先在的功能性。也就是说,为了使它内涵功能性,某物并不必实在地拥有功能。比如,在实际还原它的同时,技术创新能够内涵技术自主。这一实际上已经被替代的更加自主的系统,现在被经历为一种对原始过去的怀旧式回溯。

人们必须考虑我们时代的支配性抽象,像身份、自主和完美,因为内涵的这些抽象符号和物品呈现在混杂的多样性中。伴随不断提升的应对灾难的能力,世界变得更加复杂,而伴随个人使用上的便捷,内涵的增加,同时显得更加简化。我们的环境不断地建构于符号和物品,它们在缺乏基本功能的同时却内涵功能性。再有,这些物品以某种固定的方式应对我们。电视、计算机、手机、空间、电视:这些物品中的每一件都使我高兴,并且在主要的广告功能的拓展上,使我确信它们对我和我的欲望有足够的兴趣,吸引我的注意力和我的参与。然而,这些个人化的形式实际上服务于物品的自动性抽象。波德里亚在《物品系统》中指出,"自动性完全是物品的个人化梦想"(121)。

波德里亚的仿像逻辑的发展,开始于针对抽象的这样一些分析,抽象帮助生产出文化的和想象的现代生活的环境,但是还存在更加关键之物。正如波德里亚所称之为的,超真实是一种环境,在这里,对话、对立、抵制、谈判和所有如此这般的交往可以被拟真化。在它的通常意义上,仿像明确地是某物的图像或模拟物,而不是它本身。所以,拟真化某物就是假定虚假的外观。仿造和模拟的内涵与拟真化运作的军事功能性走到了一起:飞行模拟器或战斗的拟真。在建议中,波德里亚对政治思维提出了最严厉的也是最有争议的挑战,即在真实被内涵伪装下,以我们所知道的成千上万人的生命为代价,今天战争的真实政治涉及拟真化运作的功能性。

因此,我们应该警惕关于仿像的过于书生气的争论。一旦观察到不存在拟真一类的选择,我们可以建立一点距离。似乎拟真还没有最终取代先前存在的真实。换句话说,真实,它是我们通过事情、物品和个人的呈现方式所意指之物,本来应该是某种调节的功能,这一调节功能是自我之力激活潜在的场所。所以,为了建立提出论题的前提,波德里亚倾向于把他的术语分为秩序、阶段或步骤,每一次都在事物的怎样呈现中标示进程性变化。他称之为的"仿像的三种秩序"被解释为"呈现的秩序"。他这样解释说:

> 三种呈现的秩序,与价值规律的变革相平行,自文艺复兴以来,依次相随:
> ——仿造是"古典"时期的支配图式,从文艺复兴到工业革命;
> ——生产是工业时代的支配图式;
> ——拟真是由代码控制的当代阶段的支配图式。
> 仿像的第一秩序建立在自然的价值规律之上,仿像的第二秩序建立在商品的价值规律之上,仿像的第三秩序建立在结构的价值规律之上。(*Simulations* 83)

波德里亚的论题试图就如何思考控制我们的思想和行为的网络做出区分。这一假想的图式作为一种游戏在起作用,但是建立在十分稳定的原则之上的。这一历史的轨迹与矛盾的循环进程逻辑相匹配。这一过程每一次遭遇它的界限时,内在的可逆性都会维护自身。对于波德里亚来说,这不是一个文艺复兴文化优越于当前文化的事情,而是仿像的第一秩序为"批判的或理想的工程"留下了最大空间(*Simulacra* 121)。波德里亚描绘的这一进程是绝大多数关于现代过程的思想的逆转,但是几乎没有一点怀旧的意义。波德里亚不是要恢复某种文艺复兴价值(自然的价值规律)的虚假理念,而是倾向于调动仿造本身,并且去部署拟真的形式,以反对在场现实的拟真化代码。

他指出,文艺复兴的图式是戏剧性图式。严格地说,戏剧性是当代媒介猥亵似乎要摧毁之物。波德里亚在《交流的狂喜》(*The Ecstasy of Communication*)中说:在使一切都貌似的驱动下,"当不再有奇观,不再有舞台,不再有剧场,不再有幻想,当一切都变成直接的貌似时,猥亵开始了"(*Ecstasy*)。于是,猥亵的过程开始于欧洲文艺复兴期间,当剧场舞台越来越指向再现时。

人们可以单独地把这一点检测出来。皮考·德拉·玛林多拉(Pico Della Mirandola)的所谓的《引言:关于人的称号》("Oration: on the Dignity of Man")开始于把人确立为万灵之首,因为他自身没有本质。他自身没有目的,仅仅通过模仿能力相区分。以这样一种方式,他可以变成野兽或甚至变成植物,但是他还可以变成天使,或者通过学习起源式的神秘艺术,变成类神物。1617 年,罗伯特·福路德(Robert Fludd)在《神奇的宇宙历史》(Utriusque cosmic-historia)一书中有一个说明,它在相同的传统之内,把人——作为行为者或操控者——放在托勒密的宇宙结构的中心。一只猴子坐在地球上,这是宇宙的最低点也是最中心点。这只猴子被一位盘旋在它之上的妇人握着的一条链子拴着,她表征整个的天上世界:太阳、月亮、行星和恒星。这些最终表征黄道。由天使居住的三个外在区域最终引到神(隐藏在祥云之后和以希伯来人命名),这妇人通过另一条链子与神相连。这只猴子多亏了它的模仿能力,表现出(大写)人的技艺能力——正如皮考在"引言"中强调的,一种比"称号"更大的力量。

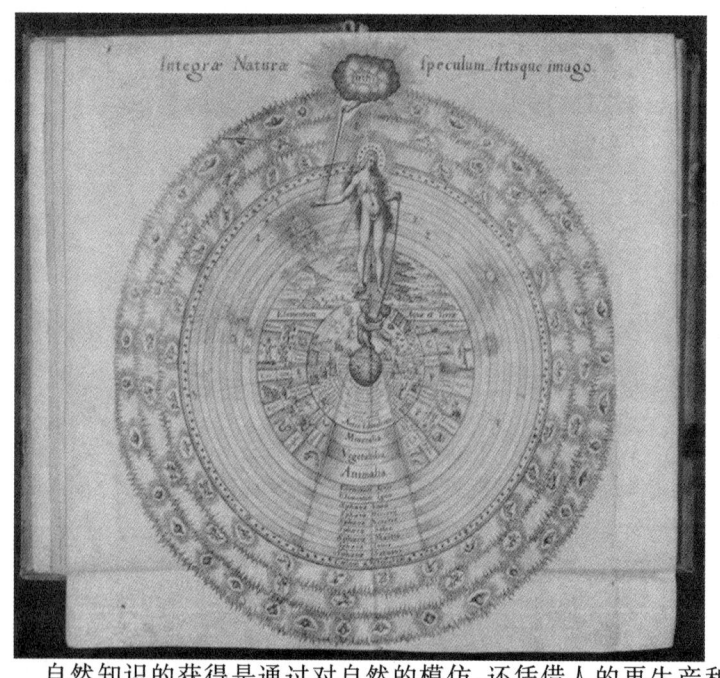

自然知识的获得是通过对自然的模仿,还凭借人的再生产和获取自身的权力。这一自负是人有能力发现、模仿和学习管理整个的生物链的自负,在这一仿像的第一秩序中,人已经是纯粹的仿像。因此,拉开了他与自然的距离,他能够建造一个野蛮和神秘的追求超验的乌托邦。

在波德里亚的图式中,戏剧性仿像最终被第二秩序——生产的秩序——所吸纳，它实际上总是一种符号的再生产形式，这一符号不断地意指它们自身的生产力。在后殖民理论时代，认识第二秩序的运作方式，即通过机器发展而使力量物质化，从而追求全球化和扩张的目标，这并不困难，但是这一切更进一步地被拟真时代所吸纳，在此，我们发现今天的自己已经处于波德里亚的垂暮之年。

波德里亚的挑战，其目标不光是强大的西方力量，对他来说这完全是一种超真实自身的功能，而且是生产知识和思想的状况。思想的以及学术的关系以一种最可能的方式与他对仿像和拟真的分析联系起来。在这一方面，他使我们回到了历史上非常古老的关于知识和信仰的标志和模式的斗争方式中。

对于波德里亚来说，作为一个强有力的相似物，太阳在当代话语中的地位达到了这样一个程度，即虚假的或伪造的威力，曾经一度由这颗最明亮星星的普照威力所象征的，现在借助内涵已经达到人民这一抽象观念。波德里亚把这一运动作为"一场颠倒的哥白尼革命"。在 1543 年，尼考拉斯·哥白尼（Nicolas Copenicus）出版了他的论文（写于 1507 和 1530 之间）《天体领域的革命》（*De Revolutionibus Orbium Coelestium*），在此，世界的日心模式第一次呈现出来，代替较早的古典和中世纪图式中心的"（大写的）人"。他这样写道：

> 太阳居于一切的中心。在这一确实是最美丽的庙宇里，它在原地可以同时照亮每一个角落，谁还会将这一火炬放置

在任何其他的或比这更好的地方?一些人理智地称其为宇宙的明灯,其他人称它为宇宙的灵魂,或更称它为宇宙的统治者——三个伟大(Trismegistus),这一可见的上帝,索福科勒斯的伊莱克特拉对一切的注视。(Copernicus)

正如下面引自《拟真的先在》("The Precession of Simulacra")所肯定的,假定由哥白尼16世纪发动的革命在颠倒中不是简单地使我们回到黑暗的时代,而更是一场运动,一场消除知识和无知、知觉和非知觉之间裂痕的革命。

关于极点的倒置或衰退的仿像,这一聪明的诡计,它是整个部署话语的秘密,是今天在每一个领域里抹擦景观力量的任何新力量的秘密,作为我们时代特征的神奇的沉默大多数来自于所有词语的争夺——毫无疑问,所有的一切开始于具有民主仿像的政治领域,它今天用作为力量源泉的人民之力取代了上帝之力、表征之力取代了内涵之力。反哥白尼革命:没有超验的例子,无论是关于太阳的力量还是关于月亮的力量和知识的来源——一切来自人民,一切回到人民。正是这一巨大的循环,这一宇宙部署的仿像,从大众投票的剧本到今天的民意调查的幻象,开始各得其所。(*Simulacra and Simulation* 42)

波德里亚对人类无限性的再现——作为原初生成的人——是一

种施加魔法的企图,使来源无法明晰:诱惑的来源,神秘的来源,以反对使一切明晰的冲动,这不是唤起仿像所反对的真实观念,而是肯定仿像秩序之间的差异,在过渡的阶段,拟真可以被表现为它们所是之物。

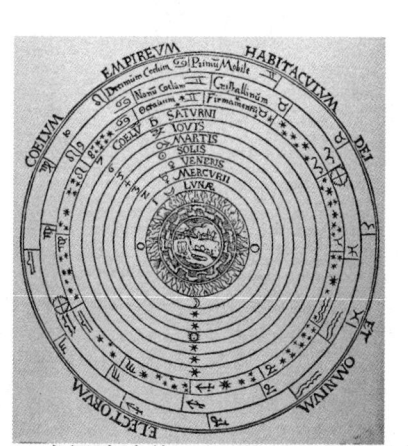

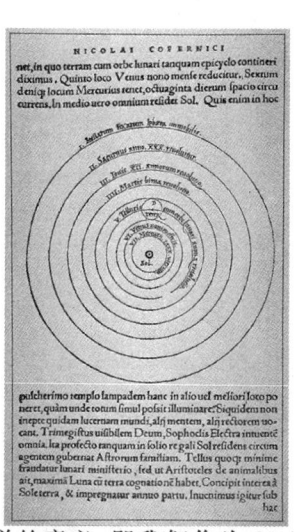

当阅读波德里亚时,无法回避这样的意义,即我们作为 21 世纪的成员,不幸生活在这样一个由完满冲动所支配的世界里,它多层面地冲击我们。因此,波德里亚对完满保持着持久的警觉,而肯定未来基础的非确定性成为他的最大特点。非确定性的生成是在"它自身"中与生俱来的,是一种无目的的潜在。世界的事业就是期待我们应该企盼的巨人出现的未来,但是,肯定非确定性未来的机遇,就是在欢迎那种可能性。

Reference

Baudrillard, Jean. *The System of Objects*. Trans. James

Benedict. London: Verso, 1996.

——*Simulacra and Simulation*. Trans. Sheila Glaser. Ann Arbor: University of Michigan Press, 1994.

——*The Ecstasy of Communication*. Trans. Bernard and Caroline Schutze. New York: Semiotext(e), 1988.

——*The Intelligence of Evil: Or the Lucidity Pact*. Trans. Chris Turner. Oxford: Berg, 2005.

Fludd, Robert. *Selections*. Ed. William Huffman. Berkeley: North Atlantic Books, 2001.

Hegel, G. W. F. *Phenomenology of Spirit*. Trans. A. V. Miller. Oxford: Oxford University Press, 1997.

——*Introduction to the Lectures on the History of Philosophy*. Trans. I. M. Knox and A. V. Miller. Oxford: Clarendon, 1985.

Pico Della Mirandola. *On the Dignity of Man*. Trans. Charles Glen Wallis. Indianapolis: Hackett, 1965.

波德里亚和邪恶精神

瑞安·毕晓普 约翰·菲利普斯

> 思想必须扮演一个灾难性的角色,它自身必须成为灾难的一分子,成为挑战的一分子,试图绝对地净化世间的一切,清除死亡和否定。但是,它必须同时是人本主义的,关注人,并且为了达到这一目的,重建善和恶、人和非人之间的可逆性。——让·波德里亚(Password, 92)

追寻让·波德里亚的遗产,可以从三个层面入手,当然这只能是理论上的一种分割,因为实际上它们是在共同地发挥作用,如同一个单一动作所具有的戏剧效果。波德里亚首先是作为一位启示录式的预言家而出现的。世界已经被意指抽象的系统所支配,在所有的物品和事件中,抽象服务于迅速扩张的理念:速度、技术、效率、自主。在一切必须持续地发挥功能的世界里,发挥功能的一切成为抽象的功能性符号。

波德里亚还是这些系统以及它们设置的标识和它们创造的想象性真实的阐释者、符号学家和批评家。在引入更加深入的复杂性和增强的对系统异质性的依赖时,扩张自主性内涵的技术创新不过成为一种机能障碍。来自《物品系统》(The System of Objects [Les systeme des objects, 1968])的许多例子中的一个简单例子就表明了这一点:"从严格的技术立足点出发,起动曲柄的淘汰使得汽车的机械运作更加复杂化,因为它使其依赖外在于这一系统的蓄电池电力的使用。"(117)所以,技术创新可能在内涵技术自主化,与此同时,也在限制它,使得实际上已经被替代的更加自主化的系统遭到废弃,现在只能被体验为对原始过去的一种怀念。

从《物品系统》(1968)到《邪恶的智慧》(The Intelligence of Evil, 2005),波德里亚发现,系统的无休止运作,由于技术上的不可能,迫切地需要在想象的内涵层面上整合异质性,同时又使异质性多样化。由系统抽象所创造的、在《物品系统》中被细致分析的想象的真实王国,它与真实建立了一种反常的、分离的关系。迄今为止,被资产阶级的社会关系系统和资产阶级的个体、物品、交换系统所支配的真实,在不断增强的紧张中,被由功能性理念所驱动的抽象系统所替代。功能性本身是功能的抽象。物品实际上并不需要发挥功能去意指功能性(正如汽车尾槽这一例子所证明的)。所以,新词汇是需要的,人们可以借此探索抽象的功能和想象的真实系统,机制和社会整体上通过它们而实际存在。

仿像的逻辑和超真实涉及不断增强的对功能性系统的依赖,

除了系统内涵的真实(这是所谓的超真实)外,它与任何真实没有关系。事实在于,这些系统主要从事意义生产和把意义还原为信息,这并没有减少它们对世间生灵的异质行为的影响:媒体互动、警察、监控技术、计算机技术、军事行动、遗传、生物和分子控制,所有这一切都服务于制造明晰,正如波德里亚在他的《交流的狂喜》(*The Ecstasy of Communication*,原法文版 *L'Autre par lui-meme* 出版于 1987 年)中关于猥亵(obscenity)的分析所表明的。使所有物品和事件总体清晰和绝对完整的冲动的强化,不可避免地生产出反对这一冲动的障碍的强化。对于波德里亚来说,这一共生的对抗——假借 20 世纪 80 年代中期开始的称之为"伟大的游戏"——表现出对当代社会思想的最大挑战。

在抽象的意义上,这一冲动涉及一项其目的在于使一切真实的"工程",据此,一切变得明晰。这就是波德里亚在《邪恶的智慧》中称为的"完整的现实"。完整的现实的主导模式就是媒体(广播、电视、计算机)模式,它展示一切(而不是某些事物)。波德里亚尤其关注识别那些无需看见之物的征候性展示,识别平庸图像(banal images)的不断强化的多余的明晰,他在《交流的狂喜》中把这些图像描述为猥亵。最直接的例子就是所谓的纪实(Reality)这一电视节目,"在那里,一切都被放在眼前,你意识到不会再有任何东西要去看了"(IE 93)。这些征候性的平庸图像作为工程的结果而出现,其目的在于根除所有的隐秘、诱惑、惊奇和任何可能上升为事件的形式。

为了反抗这一"无情的平庸",但同时又来自这一"无情的平庸",正如它的不可避免的反向力一样,"邪恶的智慧"或"二元冲动"呈现出来,它们建立在抵制"完整的现实"的工程之上,建立在抵制明晰和现实原则之上。所以,这一游戏实际上描述了投入游戏的冲动,即不断反对无法如此呈现的任何事情和可能发生的任何事情(这是今天的邪恶之意)。在由《物品系统》建立起来的分析模式中,波德里亚把这一冲动看作是敌意的,正如他所指出的那样,它对在抽象之外陷入真实已经"消失"的任何事物构成威胁。比如,电子媒体的记者倾向于第一时间达到灾难现场,在紧急救助机构到达之前,为的是报道代码似乎总是已经在任何事件之前"在那里"了,以这些方式防止发生。在波德里亚的论述中,这一以完整的冲动为特征的权力完全建立在"事件的预防和警控化"(IE 121)之上。一个典型的令人震惊和臭名昭著的政治例子就是伊拉克战争,其目的似乎是假定在萨达姆使用大规模杀伤性武器之前进行预防,当然,预防还可能在回溯中起作用,阿富汗的行动证明,对世贸双塔的袭击似乎正在被无限期地推延。

波德里亚的分析表明,首先传统的政治抵制形式是"无意义的",其次实际上本来可以有效地反对在当代发挥作用的"真实政治"(Realpolitik)——像伊拉克战争——这种权力:它们自身的内在限制。他指出:"如果世界范围的反战示威可以生产出一种可能的反作用力幻觉的话,那么,通过与美国的真实政治相比较,它首先证明这一'国际集团'在政治上的无意义"(IE 120)。但是完整的现实这一权力所带来的是"通过所有的内在失败来反对自身"(121)。内在失败表明,"麻烦的陌生化"意外地爆发,扰乱了

"全球秩序"的平庸。因为这一切可能随时发生,所以全球秩序建立在不断地增加强度,以防止这样的机会,防止机会本身,防止"事件的运气",正如波德里亚所指出的,这表明或许我们所拥有的只能是这些东西了。

在关键时刻,那些跳出来捍卫他们所称之为真实的人,误解波德里亚对这场袭击本身的分析,借助"完整的现实"冒险复制真实的凶手。对把自身冒充为现实的再现提出质疑,不是要袭击真实本身;然而,波德里亚的批评者经常就这一质疑对他提出指责。他的回答温和地戏仿了这种批评的荒唐之处:"任何对现实的疑问,对它的显而易见性和原则的疑问,被相信是不可接受的并被谴责为是否定论的"(22)。在写作中回应过无数的这样的反对声音,他继续说:"如果你提及仿像,那么你就是一个拟真者;如果你提及战争的虚拟,那么你就是和它勾结在一起的,没有考虑成千上万人的死亡"(23)。波德里亚表明,信息和接受者的简单化合并,无意中使它自身与它试图抵制的完整的力量的构造方式结合在一起,因为它自身的抵制是处于完整的现实之内的,并且是它的实现所必需的,它不间断地生成自身的抵制作为它的内在结构的一种不可避免的功能。

这一伟大游戏的逐渐失去能力的僵化,把我们带向波德里亚参与的诸种模式的第三语域:即策略的设计和实现。在波德里亚阐明的条件下,迫切地是要避免这样的方案,即对完美冲动的无休止的给予和索取以及互动式地——作为一种相同力量的功能——对反对它的冲动进行描述。标志波德里亚职业生涯发展的策略性干预的多样性——比如,"图像四阶段"和"仿像三秩序"的设计——复制了替代的逻辑,它在波德里亚的在场模式中聪明地伪装了对最一致之物的关注,但是它不可能在同一个熟悉的和认可的名称形式里存活。正如众所周知的在《仿像和拟真》(*Simulacta and Simulation* [*Simulacres et simulation* 1981])中系统化的"图像的连续阶段",它表现出四个阶段的连续运动,从再现,作为忠实的"对深广现实的反映",到拟真,它"无论怎样都与任何现实毫无关系"(SS 6)。导向第四阶段的每一阶段所连续标明的是一个神秘的、隐藏的、从再现之域失去或缺场的层面。现实是被"反映的"或"解自然化的",或它的"缺场"是被"遮蔽的",但它从未实际地在场。唯有在第四阶段,一切都在场而明晰。因此波德里亚的策略包括干预,它的目的是,在这些(关于抽象、物品系统、作为仿像的世界等)分析之外,描绘出沉默、诱惑和邪恶的场域。以不同的方式,消失之物可以在某种程度上被调动起来,使其如此这般地显现。

关于波德里亚职业生涯的研究或传记,倾向于以典型的阶段性的叙述来观察他的工作:从马克思主义的"生产方式"到后马克思主义的图像形式和以符号的符号学为中介的"信息方式"。这样的历史叙述,不可避免地失败于对策略性回应的一致性作出公正评判,耐心而敏感的阅读可以揭示这一点。我们应该可以确认知识遗产的来源,它们通常是沉默地被运用在波德里亚的研究中,或毫无炫耀地巧妙地被提及:来自笛卡儿《沉思》(*Mediations*)(参见 *Ecstasy of Communication* 75)第一部分邪恶魔鬼的夸张法的发明；马塞尔·杜钱坡（Marcel Duchamp）的出自无物的发明，可能是被最广泛认识的 20 世纪的艺术品（R. 马特［R. Mutt］的《泉》［Fountain］）；或利克坦伯格（Lichtenberg）的"无刃无柄的刀子"这一费解的格言，通过肯定无人可能得到手柄也无人看出其要旨何在，一系列批判文章对其进行了颠覆。众所周知的"利克坦伯格的刀子"是生产性的，它通过"无物"这一曲笔（当然，关于刀子的描述是一种言说"无物"的迂回方法——西格蒙德·弗洛伊德［Sigmund Freud］指出，它与卡尔·荣格［Karl Jung］对精神分析的分裂性盗用有关系）引出它的对象。在 1971 年以来波德里亚的十一个格言式论题中，有一个提起它（很明显是第一次），［"延迟的乌托邦……"］"通过刀锋的消除和刀柄的丢失，乌托邦给予这把刀子以砍击的权力"（UD 62）。这一曲笔允许刀子在它完全消失之前游移一阵，以便使它消失的踪迹不再消失。调动无物作为一种有效的方法论原则，这一精妙的策略出现在 20 世纪 70 年代早期，是与在《乌托邦》（Utopie）杂志周围的跨学科知识分子群体有关系的。

从那里，波德里亚发明了一套远离主流学科构成的分析用语，旨在削弱社会理论、政治经济学、符号学、精神分析、媒体研究、艺术、建筑、都市主义和文学之间的界限。他始终与知识界的运动、学派和小团体若即若离，以另类闻名。波德里亚的用语是单一的和不会引起误解的，然而，它包含多种风格。他的写作倾向于依赖一种格言式句子，并且可以快速地从预言的和分析的陈述转到出自劝谕艺术的古典（人文）技术性，但是对句子还可以集中地进行持续的和细致的分析。句子以它简洁的夸张法的构造服务于颠覆它的归于具有斯多葛宿命色彩的句子本身。"如果这一世界是致命的,让我们比它更致命。如果它是平庸的,让我们比它更平庸。我们必须征服这一世界,通过一种至少如同世界的平庸一样的平庸来诱惑它。"(EC 101)这一简洁的夸张法——因为它自己的方式是如此地具有诱惑力,以至以招致反对——或许给他的论述投上了诡秘和顽固的阴影。

问题在于,无论什么系统处于分析之下——在波德里亚睿智的凝视中,它总是将要到来的符号、总是最强烈或最迅速兴起的时代趋势——系统最巧妙地排斥或驱逐了非系统之物,它难以使非系统之物适应自身,这帮助调动了波德里亚对非系统之物的回应。在《邪恶的智慧》中,他对此十分坦白。一种"集体的选择"沿着航线"飞入虚拟的抽象",它"使我们从任何个人的责任中解脱出来"(90)。因此,"个人责任"这一观念是难以实现的,因为它的实施,必须使自身从真实(在这部书中,真实和超真实观念之间不存在功能上的差异)的抽象中撤回,并在某种程度上作为即时体验的不可还原的陌生化被重新发现。"个人"角色被如此显露是最受威胁的。他指出,"一个图像在再现层面之下直接影响我们:在直觉、知觉层面。在那一层面,图像总是一个绝对的震惊。至少它应该是"(91)。图像问题在于它们已经遭遇了"陷入真实"的痛苦。

一般而言,我们说真实已经消失在对符号和图像的沉迷之下,图像暴力是真实存在的,但是这一暴力在很大程度上被诉诸图像的暴力所抵消:它对作为证据或信息的纪实目的的利用,它对道德、政治或宣传的目的的利用,或仅仅对信息目的的利用……(91—92)

或许对来自所熟悉的波德里亚假定宣称的"真实的消失"("我们集体地说")的懒惰评论的巧妙颠倒,发现不是真实在图像之下遭受痛苦,而是图像落入真实遭受痛苦。

当然,波德里亚提及个人责任表明他的一种持续的关注:无论真实遭受痛苦还是图像遭受痛苦,这一步骤总是以抽象系统减少责任为代价的。再现要素,无论是图像、符号还是隐喻,只要它们仅被允许作为意义的工具、交流的事件或信息的媒介参与循环——作为可自由利用的实现目的的手段,那么,它们将不涉及个人的、天赋的、知觉的层面。这是个体责任的应有之义:这一能力(还可能是意志)赋予符号一种异己性,它既疏离于个体——它所称呼的主体——又疏离于被符号震惊和为符号负责的单个人。在《物品系统》中,广告分析已经被这一单一的关注调动起来。他在此指出:"不是广告用它的意图、言辞或图像使我们'异化'或'神秘化',而是我们被这样的事实所动摇,即'它们'非常想说给我们听,把物品展示给我们,对我们表现出兴趣"(SO 185)。这种宣传模式实现了一种抽象的趋向,从功能到功能性的过渡:广告不仅作用于个人关系模式(资产阶级个体和他的交换对象),而且作为个人关系的抽象——一种拟真,在此,接受者被接受模式所生产。

个体可能被支配的方式每一次都产生影响,抵制个体脱离这一过程。当波德里亚把诱惑引入他的分析时,它似乎是作为一种方式,在可见的闪烁(依照保罗·威拉利奥的"消失的美学")中,保留一种秘密、神秘的要素,一种异己的要素。在较早的分析中,广告确实没有神秘化或诱惑它的接受者。在晚近的分析中,"完整的可见性"把"图像的平庸"与"生活的平庸"结合起来,结果是"不再有任何事物要观看"(IE 93)。《交流的狂喜》(*The Ecstasy of Communication*)所作出的观察达到一个更高的强有力层次,据此,"揭开真实面纱的狂怒,获取萦绕于所有解释性话语的赤裸真实,发掘秘密的猥亵的流行,是与取得这一点的不可能性相称的"(EC 73)。所以,似乎是,如果波德里亚把神秘的话语与解释、信息、真实和再现的抽象话语对立起来,那么这一话语将采用一种图像和符号(能指与抽象的所指相对立)的不透明形式。但是,这本来没有什么大错。可见和不可见的对立完全肯定和复制了这一伟大游戏的格局。在所指意义的理想性(仿像的第一秩序)和能指的生产模式(仿像的第二秩序)之间的某处,存在一条非确定的、完全不可见的和沉默的批判的裂痕——个人责任本身的空间。这是在20世纪70年代早期"乌托邦"所意指之物,在关于"延迟的乌托邦……"的第六篇论文中,它是"在能指和所指之间穿行的裂痕、缺失、空无,并颠覆每一个符号"(62)。在《仿像和科学虚构》这篇短文中,这一批判的责任空间,作为秩序之间的一种裂痕或距离,顾及到"批判工程",持续地受到来自仿像的第三秩序的威胁:"从仿像的一种秩序到另一种秩序,这一倾向确实朝向距离、裂痕的重新消除,它为理想的或批判的工程留下空间"(121—122)。

在仿像先在的秩序中,不可能和非存在是没有地位的。但是在波德里亚的分析中,不可能领域、消失的和存留诱惑的领域,确实被保留下来,也因此敞开了批判行为持续出现的可能性。所有这一切还使得针对波德里亚的批判性回应的问题公开得以分析。有争议的是,波德里亚针对20世纪后四分之一年代里诸多战争的回应是最具预言性、最具分析性和最具策略功效性的,然而正是在这一点上,对波德里亚的批评开始失去控制。在《仿像和拟真》中,越南战争在所有维度上都类似于一个武装的和交战方式的试验场,是一次被设计用来发现多种革新策略的结果和功效的假定受到驱动的实验,这一观察提供了功能性前提的标志。在一种确实足智多谋的策略中,波德里亚对于越南战争的分析(《仿像的先在》这篇文章提出一种概要的然而掠夺式的思想的应用)是在阅读科洛拉(Coppola)的《现在的启示》(*Apocalypse Now*)的语境中做出的。这里值得详尽地引用一个段落:

> 科洛拉制作电影采用了美国制作战争的方式……作为防御战、作为技术和具有迷幻效果的幻觉、作为一种连续的特殊效果,甚至在拍战争之前,战争就变成了电影。战争禁止自身成为技术上的试验品,而对于美国人来说,它基本上是一个试验的场所,一个巨大的试验武器、方式和力量的区

域。

科洛拉唯一做的就是:测试电影院的干预能力,测试电影院的影响力,它已经成为一部不可估量的特殊效果的机器。在这一意义上,他的电影确实是战争通过其他手段的延伸……战争变成电影,电影变成战争。两者通过它们共同的损失进入技术而结合在一起……如果人们还没有抓住这一区分的缺陷,即它既不再是意识形态的也不再是道德的、不再是一种好和坏,而是生产和毁灭之间的可逆性,革命中事物内在性的可逆性,所有技术的有机的新陈代谢的可逆性,电影胶片中地毯式轰炸的可逆性,那么,人们无法理解这一切,无论战争还是电影院(至少是后者)……(SS 59—60)

为了理清头绪,波德里亚的思想和写作一直成为颇多争议的主题。为了进一步理清头绪,正如哈罗德·布鲁姆(Harold Bloom)表明的,所有的关于作者的有分量阅读都成为误读,但并不是所有的误读都是有分量的阅读。作为一个具有可怕威力的风格学者和修辞家,波德里亚经常攻击这样的阅读。作为一个哲学的鼓吹者,他经常引发争论和平息争论——在媒体和出版过度膨胀的时代,这绝无功绩可言。因为他出色的适于引证的风格,因为他引人注意的修辞和为了修辞目的而用夸张法调情的意愿,波德里亚经常被浏览,非常偶然地被阅读,并且在稀奇古怪的语境中被引用。他的美国研究,如《美国》(America)和《冷静的记忆》(Cool Memories)系列,引起了热烈的反响,既有高度肯定也有否定。在

"9·11"袭击之后,他发表的系列文章导致了一场可预见的美国和其他地方的政治右翼的反法(anti-French)狂欢,谴责他宽容和歌颂恐怖主义。但是,这不是那种对公共话语领域里遇到麻烦的学者的敲诈,而是来自人文和社会科学内部对他的研究的过分误读,这导致了一种终止。理查德·渥利尔(Richard Wolir)在《非理性的诱惑》(*The Seduction of Unreason*)中的尖刻回应仅仅是相关的一种情形,还存在许多这样的情形。

当这样的后立场(post-positions)引发学科内部各种固有视角的惊愕时,作为后现代主义这一重大运动的先驱,波德里亚变成了它的难以驾御的典型代表。许多马克思主义批评家相信,如果说从现代性到后现代性的转向是举棋不定的话,那么,波德里亚明确放弃政治议程是无法原谅的。实际上,在不断增长的拟真、IT、诱惑、猥亵、价值危机、失控的"符号和价值的混乱"和全球掠夺的时代,他把研究的焦点转向了关注政治的不同形式。尽管他对传统的马克思主义原则的态度一直非常矛盾,但是他的马克思主义兴趣和往日经历从未离开过他的分析,只不过通过过度全球化的资本和不断增长的"不可能交换",以不再可能反对真实或不再可能注定实现自身的逆喻的虚构现实为特征,变形进入一种客体和其基础性转换的关系中。他从"荧屏向外看"参与政治的大众以及他们在传统基础上以社会名义提出要求的功效,导致这些过程的加剧。

很明显,他的兴趣一直停留在政治上,但是政治在数十年来以极度精神化的方式支撑自身。也就是说,通过不间断的拟真和实验的工程,旨在生产真(本身不反对虚构)和善的王国,我们已经处于一个不可能抵制的难以防守的位置。抵制这一工程既通过它所创造的对它的运作必不可少的抵制逻辑向它投降,又反对真和善。正是在这样的基础上——精神的基础,但同时是客体的基础——他推进了自己的政治事业。站在与传统政治的不同角度,传统政治被1968年事件作出了不利的诠释,波德里亚试图探索这样的手段,借此,社会和政治精神化了,大众普遍地被社会进入媒介的内爆所塑造,并且这些功效提供了重构政治话语和行为的催化剂。

或许,没有其他的文本事件或声明激起了比他的关于海湾战争的研究更多的误解,我们首先完全电视化了"真实时间"的冲突,在这里,他宣称在军事行动开始之前,战争不应该也不可能发生。当它被互联网包装,具有自己的主题音乐、口号、标题、图表和甚至发起者而在电视荧屏上流行时,他质疑其发生。一旦敌对状态消失,他断言战争没有发生。他的关于这一军事现象的论文所激发的回应性标志,是由克里斯蒂弗·诺里斯(Christopher Norris)在他的《非批判理论:后现代主义、知识分子和海湾战争》(*Uncritical Theory：Postmodernism Intellectuals and the Gulf War*)一书中提供的。诺里斯宣称,波德里亚的评论性干预"达到了一个出自内部的后现代主义思考的大暴露"(22)。他回应波德里亚后期的文章《海湾战争从未发生》(*The Gulf War Has Not Taken Place*)时宣称,比起他在这篇重要文章中提出的主张,"人们不再可能期待一个更加清晰的关于道德和政治虚无主义的论述,它因循了波德里亚关于真实和虚假的极端的怀疑论态度。"(194)。诺里斯对波德里亚的引发争论的分析的反对和争辩值得暂时停下来,因为诺里斯转喻地唤起其他一些头面学者的一大堆暴力的回应。诺里斯采取一种冷静的间接的方式,提供了一个把德里达从更加笼统的后现代主义的混杂状态中分离出来的例证,其中包括(对他来说)波德里亚以及利奥塔、罗蒂、海登·怀特和福柯,并且正确地宣称,像席尔勒和哈贝马斯这样的作者,在相对无知地相信他对哲学和文学文本严格阅读的基础上,已经不考虑德里达的研究。

诺里斯在他评述德里达的攻击者和他们的非常脆弱的要旨时,展示了他的机敏,尽管这是他自己在某种程度上对德里达的质疑性阅读。然而,当他直接面对波德里亚时,他成为他所指控的席尔勒、哈贝马斯和其他人一样的牺牲品:原因很简单,他似乎没有很好或深入地阅读波德里亚的著作,而是热衷于使用波德里亚围绕和关于海湾战争所写的简洁的评论文章,这些文章表现出后现代主义闻名遐迩的征候式的"文化忧郁"。如果诺里斯希望责备——并且他这样做了——文学理论家和人文学者(其中许多人提及波德里亚)没有以严肃的批判方式对待德里达,因为这将意味着把他所宣称的"批判性阅读"与"在后结构主义论争的迷人圈子之外发展的知识联合起来"(20),他可以带有几分成功的把握。然而,在这样做时,他使自己面对同样的表面化阅读(或有意的误读)的指控,尤其是当他宣称波德里亚的主要预言和观点可以很容易地被推翻,通过简单地指出"波德里亚的预言是完全错误的,因为海湾战争确实作为一个非常固定的事实爆发了"(14)——相当于一位最天真的经验主义对手的反击,一位任性的约翰逊说"我就是要否认它"(诺里斯实际上提及一种影射)。很清楚,这样的宣称没有注意到波德里亚论述中的细微差别和复杂性。波德里亚的这些论述拥有不断增加的力量和持续的用处,我们进一步远离这一激起关于它们(比如韦科、索马里、南斯拉夫、卢旺达、9/11、反恐战争、伊拉克战争、武力恐吓伊朗等)的特殊表达的冲突,在波德里亚的研究和它的带有锋芒的力量轨迹里,表现出具有持久性的被压缩的坚持。更有甚者,对假定不可否认的事件真实性的断言,作为波德里亚观点失败的证明,提供了一个波德里亚希望与这一最单一的老一套思想模式搏斗的异常例子。这些争议变成学术交流和争论的拟真——十五年被从围绕海湾战争写作的模仿交战中消耗掉了,这一点格外清晰。

　　拟真在象征内的政治分歧和通过虚构真实的欺诈,构造了波德里亚所下的海湾战争这一赌注。这样做时,他回到对恐怖主义和20世纪70年代中期人质危机的分析,这一切包含在《象征性交换与死亡》里,持续影响了他的职业生涯,并且由于严格的条件,在他2004年的《邪恶的智慧》里受到严格的检验。本质上,波德里亚认为对像海湾战争或伊拉克战争这样的政治行为进行抵制的标准模式,是由行动主义者和知识分子运用过时的政治运作规则提供的,这一标准模式将无法证明脱离拟真系统是无效的,它将是抵制自身的一种拟真,并因此能够更进一步地建构在政治拟真中发挥作用的真实。他写道:"通过一种以矛盾为基础的逻辑或通过颠倒力量的平衡——简言之,通过一种影响经济或政治基础的直接的、辩证的革命,摧毁这一系统是不可能的。一般来说,生产矛盾或力量或能量平衡的一切,仅是在回馈这一系统和使它得以持续。"(qtd in Truner 4)

严格地说,这种直接的行为对抗是左派所支持的,而宣称波德里亚的立场不但是虚无主义的,而且还在强大的反理性主义思想和现存于美国和欧洲民主中的道德和政治意志的危机——如果不是实际的失败——之间构造了一种意识形态的共谋。对于那些还处于前摄的(pro-active)政治行为束缚(并且在一定程度上,谁不是?)的人来说,这些反对带有负罪和摇摆。举行大规模示威支持伊拉克战争——这些示威包括世界各地数百万参与者实施的非暴力和暴力行为——是"意志联盟"作为仅仅实施他们的抗议权利(他们的行动提醒其他人,这一权利在萨达姆的伊拉克是不被允许的)而草率地失去控制地发动战争,目睹这一切的人们无视联合国和抗议者作为参与政治的拟真部分是困难的。他在80年代中期写道:"我们拥有全面的信息,但是它没有任何效力。信息扮演了解剖刀的角色,它总是把世界所有国家中军人政权的力量与任何的集体意志分离开来,并且似乎高强度地愈合了由此发生的矛盾。"(Screened Out 82)

波德里亚在这些事例中使用的逻辑重复了他在整个职业生涯中所采取的诸多立场,包括制止把水门称为丑闻的必要性,因为这样做仅仅证明了丑闻在当前政体内是可能存在的,因此通过自我更正的和认可的能力来证明其力量的正当性。关于海湾战争的系列文章表明,20世纪90年代早期完全中介化的仿像冲突是如何在更大的冷战威慑方案中成为进行冲突和尽可能完整地实现图像和信息(非信息)控制的另一种手段的。在地缘政治的范围内,战争的目的是要控制不服管制的政体,与此同时,把美国的技术、军事和拟真力量的信息发送到其他潜在的政敌那里:五角大楼在伊拉克战争早期在沙漠上留下了"硕大的足迹"。当然,很长时间以来,信息传递是强化主权的一种策略。关于海湾战争,波德里亚写道:"我们的战争与其说是在面对战争的鼓吹者,不如说是使这个星球上的不听话的势力归顺,正如警察所说的那些不可控因素,属于不可控因素的不仅有整体上的伊斯兰,而且还有野蛮的种族群落、少数民族语言等。所有这些单一的和无法还原的都必须被降服和吸纳。这是民主的和新的世界秩序的法则。"(Gulf War 86)当然,这是真和善的拟真工程。

在国际上,完整的现实的真实更加明显地存在于国家内部的抵制。作为对海湾战争系列文章中反复强调的一点的继续,也是一直被批评家误解和忽视的,波德里亚表明,通过变得"比事件本身更虚拟"(Gulf War 14)的策略,我们要漠视直接面对的欲望和冲动。用其他的但是直接相关的术语,我们要避免消失在关于拟真的第一和第二秩序之间的旧的论述里。在一篇题为《大众》(The Masses)的文章里,波德里亚提出,面对媒体和政治(两个术语确实难以应用,因为它们擅自相互交换)的始终的单向本性,沉默表征了一种新的和"原初的策略"(Poster 208),它允许"个体或大众通过消失这一嘲弄行为来予以回答。"(213)

不可能交换(引自另一部书的题目,他用来说明20世纪70年代的缓和特征)已经构造了20世纪80年代以来的政治和媒体,它使我们全体只有很少的几个选择,所以,波德里亚所揭示的大众的沉默,不是对身份本身(quo)的满足性默认,而是一种颠倒逻辑的持续,它回绝通过电子交流参与作为一种礼物的政治。如果政治和媒体通过我们与它们的结合而使我们成为已经消失的物品,那么我们可以主动消除所知晓的运作力量所给予我们的立场。我们还剩下什么选择呢?波德里亚指出:"于是,我们不得不与矛盾的处境相妥协,因为我们既拥有对我们有价值的这一系统,又无法忍受——而且同样无法忽视——这一系统。这是一个无法索解的难题。你可以拥有发自内心的反－大众、反－乡巴佬、反－劳苦农工的反应,但是也同样可以拥有发自内心的反－精英、反－等级、反－文化、反－命名的反应。你应该站在无心的大众一边还是应该站在傲慢的特权一边(尤其在宣称与大众亲密无间的傲慢)?没有解决的方法。"(SO 83)

这样的一种持续的逻辑始终贯穿于波德里亚的研究,"在气象学上对愚蠢敏感"的(Gulf 67)和阅读一切事件的逻辑,无论是否配得上这一术语,它具有运用某种方式从事所有批判的能力,这样做不是着眼于过去这些术语,而是为了参与这一伟大的游戏。正如许多人已经表明的,这并不意味着对这些术语和规则的抛弃,因为它们持续和普遍地被调动起来,而是要维持一种认识,即在完整的现实的仿像永久性之外,它们无法被购置。这一永恒性表明了一种与时俱进的强化,即在交流、技术、政治、社会、心理、经济中不断整合的倾向。正如波德里亚《交流的狂喜》收录的在他出席巴黎大学文理学院颁奖仪式的讲演所总结的：

> 现时代物品和环境的决定性改变，来自三个不可逆的趋势：关于要素和功能的更大规模的形式和运作的抽象以及在功能化单一虚拟的过程里它们的类同；身体运动的转移和进入电力和电子指令的努力，以及在时空中过程的微型化，其真实场景（尽管它不再是一个场景）是无限小的记忆场景和它们装备的荧屏。(Foster, 128—9)

今年随着他的离世，生于1929年的波德里亚或许是那一代令人敬佩的法国思想家中的最后一人，他们包括威拉利奥（Virilio，1932）、伊利格瑞（Irigaray，1930）、德里达（Derrida，1930）、布迪厄（Bourdieu，1930）、福柯（Foucault，1927）、德勒兹（Deleuze，1925），或许甚至再往上的阿尔都塞（Althusser，1918）和巴特（Barthes，1915）。波德里亚来自兰斯（Reims），他说祖父母都是农民，父亲是一个低等的城市公职人员（有研究指出他可能是一个警察）。最初，波德里亚是一个学习德国文学和哲学的学生，写作和翻译了布莱希特（Brecht）、彼得·韦斯（Peter Weiss）和其他人。在列斐伏尔（Lefebvre）的指导下，逐渐从文学（他从未真正地离开过）转到社会学。1966年，他进入南特巴黎大学，成为列斐伏尔的助手，并与巴特一道工作。在这两个人之外，对于波德里亚来说，其他一些知识的试金石包括杰雷（Jarry）的荒诞玄学、巴塔耶(Bataille)的《被谴责的分享》(*The Accursed Share*)、阿尔塔德(Artaud)的《残酷的戏剧》(*The Theater of Cruelty*)、莫斯(Mauss)的《礼物》(*The Gift*)和当然的尼采(Nietzsche)(他的研究德国文学和哲学时光的主要支柱)。在这一成为"5·22运动"和导致1968年5月著名事件的风暴中心中,像这一代的许多人一样,波德里亚被政治行动的成功和失败所深深地卷入和影响。

20世纪80年代,波德里亚在英语世界获得了声誉(或者另一面恶名),这尤其得益于他的关于拟真和仿像、致命的策略和象征性交换以及他在1983年《在沉默大多数的阴影里》(*In the Shadow of the Silent Majorities*)的译本中宣布的社会终结的研究。作为这一声誉突然到来的结果,他的著作几乎同时被翻译成英文和法文,但是早期的许多著作直到90年代才被翻译成其他文字。由于翻译的滞后,接下来的问题是,导致波德里亚在英语世界的学术界接受的复杂化,使得研究的轨迹很大程度上是持续地向后回溯而不是向前展开。作为一颗学术"明星"和一个不情愿的艺术世界的精神领袖——一个他在《艺术的阴谋》(*The Conspiracy of Art*)中坚决拒绝的角色,许多学者不假思索地看待他,太草率地阅读他,或太实在地接受他——这是一个他所依赖的进一步证实他的更大意义的谋略。波德里亚所表现出来的修辞的华丽和隐晦的倾向,他以挑衅、诱惑和值得回忆的方式所展示出来的物品、商品和事件的复杂性和相互依赖性,这一能力可以一直回溯到40年前。人们经常指责他以时髦的理论姿态弄潮,但波德里亚也以知识分子的诚实出现,这是难以被削弱或忽视的。

Selected Major Works

Baudrillard, J (2006 [1967 — 1978]). *Utopia Deferred: Writings for Utopia (1967 — 1978)*. Trans. Stuart Kendall. New York: Semiotext(e).

The System of Objects. Trans. James Benedict. London: Verso, 1996.

——(1998 [1970]) *The Consumer Society*. Trans. Chris Turner. London: Sage.

——(1975 [1973]) *The Mirror of Production*. Trans. Mark Poster. St. Louis: Telos Press.

——(1981 [1973]) *For a Critique of the Political Economy of the Sign*. Trans. Charles Levin. St. Louis: Telos Press.

——(1993 [1976]) *Symbolic Exchange and Death*. Trans. Iain Grant. London: Sage.

——(1983) *Simulations*. Trans. Paul Foos, Paul Patton, and Philip Beitchman. New York: Semiotext(e).

——(1983) *In the Shadow of the Silent Majorities*. Trans. Paul Foss, John Johnston, and Paul Patton. New York: Semiotext(e).

——(1983) "The Ecstasy of Communication," in *the Anti — Aesthetic*, ed. Hal Foster. Washington: Bay Press.

——(1988) *America*. Trans. Chris Turner. London: Verso.

——(1988) *The Ecstasy of Communication*. Trans. Bernard and Caroline Schutze. New York: Semiotext(e).

——(1990) *Cool Memories*. Trans. Chris Turner. London: Verso.

——(1990) *Fatal Strategies*. New York: Semiotext(e).

——(1994) *Simulacra and Simulation*. Trans. Sheila Glaser. Ann Arbour: Minnesota University Press.

——(1995) *The Gulf War Did Not Take Place*. Trans. Paul Patton. Sydney: Power Publications.

——(1996) *The Perfect Crime*. Trans. Chris Turner. London and New York: Verso Books.

——(2000) *The Vital Illusion*. New York: Columbia University Press.

——(2002) *The Spirit of Terrorism: and Requiem for the Twin Towers*. Trans. Chris Turner. London: Verso.

——(2002) *Screened Out*. Trans. Chris Turner. London: Verso.

——(2003) *Passwords*. Trans. Chris Turner. London: Verso.

——(2005) *The Intelligence of Evil or The Lucidity Pact*. Trans. Chris Turner. Oxford: Berg.

——(2005) *The Conspiracy of Art*. New York: Semiotext(e).

References

Foster, H. ed. (1983) *The Anti — Aesthetic: Essays on Postmodern Culture*. Port Townsend: Bay Press.

Norris, C. (1992) *Uncritical Theory: Postmodernsim, Intellectuals and the Gulf War*. London: Lawrence and Wishart.

Poster, M. (1988) *Jean Baudrillard: Selected Writings*. Stanford: Stanford University Press.

Wolin, R. (2004) *The Seduction of Unreason*. Princeton, N. J.: Princeton University Press.

拟真时代抵制意义：
波德里亚的《仿像与拟真》

托尼·希

前　　言

　　让·波德里亚因宣布真实已经被仿像替代而闻名。现在，仿像不是后于而是先于原物存在。如果人们还没有评估这一思想的全面影响力，那么至少需要考虑一下这一思想在宗教话语语境中的含义。宗教偶像不是在神的存在之后而是之前被看见的。这对宗教意味着什么？在这一分析中，复本不再代表作为它们的神灵感应的原物，复本必须被认识为先于真实而出现。换句话说，复本就是原物本身。在当代的政治、媒体和社会的语境里，这一点已经被较多地谈论了，相对来说，人们很少注意检验这一意义在波德里亚写作的自身语境中究竟意味着什么。对于波德里亚自己的研究来说，仿像的先在暗示着什么？如果波德里亚关于仿像的分析有任何威力的话，那么可以确信，他自己的写作一定不可避免地受制于仿像。于是，我们有必要追问，在当下"波德里亚"思想的旗帜下，已经被传播之物实际上是非波德里亚思想，这是否可能？毕竟，当他被学术界和新闻媒体贴上"后现代主义者"的标签时，波德里亚的惊讶是人所共知的。"后现代主义"这一术语不是来自于一个相隔很远的被称为建筑的学科吗？在回应这一主动提供的标签时，波德里亚不是煞费苦心地宣布"虚无主义"对他的思想是一个更合适的标签吗？本文旨在检验与波德里亚的仿像相关的问题。如果波德里亚的思想具有任何意义的话，可以确定的是，它表明自己的写作针对来自传统学术环境中学者的误解进行了申辩。他的写作逻辑需要这种解释。如果我们把他的关于仿像发展的分析带入其逻辑顶点，那么，仿像替代他在写作中试图表达之物不是不可能的。

写作确实在仿像的层面上运作。如果我们已经通过关于波德里亚的写作而获得接近波德里亚思想的话，那么，学者们已经建构的但也因此被误解的波德里亚系统（Baudrillardian system），其中的所有文章以某种方式聚合起来并在某种程度上获取意义，并且在学术界作为波德里亚思想的绝对真理在传播，这不是已经成为可能了吗？换言之，一个仿像的世界——波德里亚的仿像替代了波德里亚这个人本人。在仿像中，许多学者声称说出了波德里亚想说的话，但是他们或许无意扭曲了、甚至遮蔽了这样一个事实，即波德里亚不在颁奖现场。换句话说，在波德里亚写作中"真实的"波德里亚之死是可能的。

《仿像和拟真》的逻辑

波德里亚《仿像和拟真》的基本思想是,我们生活在"一个拟真时代"。这表明,我们生活在图像已经在某种程度上替代"真实"的时代,它给予我们一个拟真化的现实。在《仿像与拟真》中,这一点可以根据图像特征的不断转换来理解。它呈现如下:

1. 它(图像)是对深广现实的反映;
2. 它(图像)遮蔽和消解自然深广现实;
3. 它(图像)遮蔽深广现实的缺场;
4. 它(图像)与任何现实无关,它是自身的纯粹仿像。

(SS 6)

这四个部分在真实的死亡和仿像的不可避免的胜利里表现为连续的阶段。

这提醒我们注意到马克思关于商品逻辑的分析。在马克思那里,人的完整经验有能力在商品形式中物质化。实际上,商品可以被看作是劳动时间本身的物质化。这些商品在市场中反过来需要"交换价值",以便它们能够被买卖(SS 219)。在某一点上,"交换价值"将替代"使用价值",构成消费社会的基础(SO 218)。在波德里亚的分析中,消费不是指向物质产品的消费,而是指向符号的消费。在消费中,有意义的是符号的消费,它处于由差异运作的意义系统之内。这一差异是社会关系的差异,而符号是社会关系的抽象。因此,所消费之物恰恰就是真实世界里一种关系的抽象。

消费社会的问题在于,当它向我们显现自由时,它却在强加一种新的压抑的逻辑。确实,在像"顾客是上帝"这样的口号之下,借助顾客自主的名义,其随后的目的通常是试图获得"顾客的忠诚"。这是在表面之下、在隐蔽层面上起作用的通常未被认识之物,它的逻辑增加了难以消除债务的机会,这些债务通过我们的一而再再而三的偿还而限制我们。债务的意义在于,它伴随欠账和负罪的经历一起反过来刺激消费以及这一循环的完成。于是,消费的循环在人类劳动的基础上继续运转(SO 172),为资本主义而工作。积累资本的冲动持久不衰,人的生命则可能在追逐利润中消亡。在当代系统中,可能发生的事情是人类已经被还原为图像、符号,它在差异系统之内起作用。消费者不再像拥有政治和社会权利的人那样有意义,而成为具有某种潜在消费力的成员、数字。人只有在他成为消费者或成为潜在的消费者时才重要的。这预示社会的终结,预示新经济体中任何集体意义的终结。

马克思主义对这一点的回答在于理论批判。这些可以被视为掩盖阶级利益的意识形态建构——于是,客观的现实被假定了。这就是为什么大多数马克思主义者假定存在有待揭示的现实,因为这些幻觉的揭示削弱了社会中的压抑性实践。因此,从马克思主义的立场出发,理论批判是重要的。当大多数马克思主义者探索进行意识形态分析时,波德里亚的所作所为却有点模棱两可,这就是其中的差异。分析是相似的,因为它还是指向这一抽象的过程,但似乎是把这一分析推向了它的最极端形式。整个的人类经验还可以被抽象而放入符号系统,以便它们可以在市场上买卖。这一非常重要的例子是广告、电视商场和电影。符号和图像王国便利了抽象关系的消费。

波德里亚把美国作为仿像的一个例子(S 25)。在写作中叙述了他对美国景观的大面积消费的经历,在波德里亚眼里,美国和整个的洛杉矶不再是真实的,而是属于"超真实"秩序(S 25)。一个"超真实"的例子是迪斯尼——迪斯尼并没有模仿真实世界里的任何事物,而恰恰是真实世界在模仿它,具有它的表面而不是实质的逻辑。然而,波德里亚对这一仿像的分析不同于马克思,因此他没有假设在意识形态幻觉之下存在有待发现的客观现实。仿像的发展看起来像是一个持续的过程,但是一个决定性的区分发生在前两个阶段和后两个阶段之间——前者假设存在一种基础性现实,它可以通过意识形态分析去发现,后者则没有提出这样的假设。从第三阶段开始,符号不再表征任何真实,实际上,在符号和真实之间不可能存在任何关系,存在的只是符号和符号之间的交换。这样一来,任何揭示隐匿于仿像之下的现实的企图都只能是一种浪漫的幻想,因为仿像确实独立于这样的一种现实。如果人们坚持寻找和揭示这一现实的话,那么可能会更明确地发现仿像之下根本没有任何之物,仿像本身就是现实——这一发现恐怕是人们难以应对的。

关于波德里亚的仿像

如果波德里亚在《仿像和拟真》中的分析具有任何影响力的话,那么它一定会在发挥作用中切实地回到波德里亚本人那里。如果仿像事实上已经控制了显现的世界,那么它还一定会切实地作用于波德里亚本人的研究。这些研究未必反映真实的波德里亚,而仅仅是波德里亚的拟真。换句话说,这些研究可以是超真实的,它假装表现了他的思想,但实际上扭曲了他的思想。这一可能性持续着,它不仅仅扭曲而且还掩盖这一事实,即真实的波德里亚不在他的写作中。或许一个克隆人已经被放到他的位置上?媒体或许已经在很久以前就谋杀了真实的波德里亚,甚至在我们意识到它之前。在其位置上,建立起来的是当代学术所成就的波德里亚的仿像,它被学术界的这一系统所生产和消费。

因此,在波德里亚的分析中把真实从显现移开,波德里亚自己的分析变得受到同样的怀疑,即它的作者不在现场——这顺便提醒我们注意这样一个短语"作者之死"。如果有什么不同的话,对于这一时代的知识分子来说,这将不会以任何形式把我们置于独特的学术悲观主义之中;如果有什么不同的话,它将把我们从任何形成波德里亚崇拜的企图中解放出来,而建立起真实的波德里亚谱系的系统。这可能只是一些优秀的读者才能做到的,但要提防那些宣称是波德里亚迷的人们。

在拟真时代抵制意义

对于抵制来说,仿像意味着什么? 如果有什么不同的话,仿像的先在和真实的终结仅仅表明,对资本主义即全球化杀戮的抵制在当代已经受到高度质疑。人们经常听说这样的例子,一些反全球化运动分子被认出穿着由线衣商店制作的耐克(Nike)线衣,并在示威之余到当地的星巴克小憩。实际上,抵制的企图必须遭到彻底的怀疑,因为他们最有可能是仿像本身的外化。因此,波德里亚的思想教导我们,在抵制之外,我们要去面对系统的宿命,这一宿命甚至是更加致命的。这就是从波德里亚早期的《物品系统》(*System of Objects*)、《消费社会》(*Consumer Society*)到《仿像与拟真》(*Simulacra and Simulation*)的整个写作中探寻到的东西。在《关键词》(*Passwords*)中,我们甚至被称为是更加灾难性的和"有人性的"(Passwords)。

然而,抵制在波德里亚的写作中还是被感觉到了。如果这些思想表明抵制的无效,那么波德里亚的写作意图,这一行为本身,不是陷入一种极度的沉默,而是强烈地表明一种抵制的精神。研究2004年夏天的波德里亚,即他离世前的岁月,抵制的经历可以被感觉到。在一个波德里亚参加的研讨会上,我有机会向波德里亚请教,"灾难"和"病毒"这样的术语是什么意思,这些术语与他的抵制思想有密切的联系。在媒体被给予欺骗性和战无不胜性的情况下,这些仅仅意味着传统方法不再可能反抗这一系统,它只能被甚至是更具灾难性的欺骗所击败。如果全球暴力终结了知识分子的传统角色,那么这并不意味着知识分子必须放弃他的全部工程。知识分子必须变得比这一系统更加具有欺骗性——面对具有欺骗性的媒体运用欺骗,以达到目的。知识分子必须利用甚至更具欺骗性和灾难性的欺骗来回应具有欺骗性的媒体。换言之,知识分子可以把他本人变成一个十足的"骗子"。

结　　语

如果波德里亚的思想有任何意义的话,确切地说,它表明了他自己的写作受到传统学术圈子里学者们误解的影响。更进一步,如果我们把他在《仿像与拟真》中关于仿像发展的分析推向它的逻辑顶点,那么,仿像已经替代他在写作中探索的表达之物不是不可能的。这似乎表明,仿像时代的理论抵制是无效的,但是这仅仅是一个表面现象,因为波德里亚的行动作为对他的言语的反对,表明了另一个层面上的抵制。它并不意味着我们应该放弃我们通过他的写作达到理解波德里亚的企图,而仅仅是我们应该更加谨慎地区分事实与波德里亚的虚构——在波德里亚这个人缺场的情况下,现在我们至少可能做的或许是,开始于一个对他的写作的彻底调查,而不是开始于像这样的一种对他的写作的拟真。

Bibliography

Baudrillard, Jean - *America*, London: Verso, 1989.

Baudrillard, Jean - *For a Critique of the Political Economy of the Sign*, St. Louis: Telos, 1972.

Baudrillard, Jean - *The Mirror of Production*, St. Louis: Telos, 1973.

Baudrillard, Jean - *Passwords*, Trans. Chris Turner, London: Verso, 2003.

Baudrillard, Jean - *Simulations*, New York: Semiotext(e), 1983.

Baudrillard, Jean - *Simulacra and Simulation*. Trans. Sheila Faria Glaser. Ann Arbor: The University of Michigan Press, 1994.

Baudrillard, Jean - *Symbolic Exchange and Death*, Newbury Park, CA: Sage, 1993.

天鹅之路:在超真实中关照自我

马克·波斯特

媒体真实

在辞去旧千年和开始新千年之际,美国的媒体文化出现了越发令人惊讶的"真实"转向。在杰丽·斯普林格(Jerry Springer)秀中,普通人在国家的电视观众面前流露和表现出他们的爱和恨。在广播谈话节目设计的宣传中,霍华德·斯特恩(Howard Stern)对听众和来宾进行了同样的攻击。拉什·林伯格(Rush Limbaugh)对每个人都大喊大叫,无视保守政治的智慧。法官朱迪(Judy)发动了现场的法庭诉讼。极限运动秀把憎恶名人的消费和可怕的竞斗作为特征。在互联网上,为了谋生,网民把虚拟人物和武器出售给那些以多种在线角色进行游戏的游戏玩家。博客写作者正在完善在线的专门化的文学形式。电视现场的华丽的新天地、广播谈话和虚拟的全球游戏,引导出一个迷人的、新奇的、中介化的大众文化景观。我们想把这些例子作为一个指标,它们是有意义的文化构成还是仅仅是策划者和观众所共同拥有的一种短暂的时尚?如果值得严重关切,什么样的阐释框架能够用来解码它们的意义?

为了使我的任务易于完成,我将把关注点缩小到这些媒体文化事例中的一个范畴:整容手术的电视现场秀①。以2002年晚些时候ABC的《极端美容》(*Extreme Makeovers*)节目为开端,许多电视网筹划了新的节目,以展示普通的人们(几乎全部是女性),展示她们被重塑的身体,包括面部祛皱、隆胸、腹部整形、吸脂、鼻子成形、牙齿矫正、下巴再造——外科手术的多种多样的类型,为把她们的身体改造成普通人认可的美人形体提供了可能。对于电视观众来说,这些医疗过程成为可视的表演。《极端美容》的市场成功鼓舞了其他电视网去设计它们自己的关于这一主题的变种。2003年7月,FX首推《势均力敌》(*Nip and Tuck*),一个虚拟的节目,以两个整容外科医师为重点。2004年3月,MTV首创《我想要一张有名的面孔》(*I Want a Famous Face*),引入名人要素,参加者以明星身体的外科手术为榜样。为把自身再造为她们所喜欢的大众偶像的形象,她们向医生提出挑战,不甘落后。福克斯(Fox)在2004年4月播放了《天鹅》(*The Swan*),一个真实的节目,包括这样的比赛,即每一场有两个女性

---

① 一本重要的电视现场文集,一般可参见(弗来德曼2002)。

参加,她们经历了多种外科手术,在美人竞赛的宏大终场中达到顶点,从两人中选出最后的获胜者,这一女性将成为天鹅。E!电视网在2004年6月推出90210博士,通过贝弗利山庄(Beverly Hills)的环境改进了整容手术电视现场秀的设计。整个2004年,观看者享受到一种解剖刀下的丰饶角饰(cornucopia)行为。美国不是唯一的对这些节目着迷的国家。比如,在2005年的英国,造型电视秀包括频道5的《整容手术》(Cosmetic Surgery)、天空一的《太阳、大海和硅酮》(Sun, Sea and Silicone)和频道4的《年轻十岁》(10 Years Younger)。

秀的名称	电视网	首次播出时间
极端美容	ABC	2002年12月11日
势均力敌	FX	2003年7月22日
天鹅	福克斯	2004年4月7日(1单元10节;2单元9节;结束于2004年12月20日)
我想要一张有名的面孔	MTV	2004年3月15日
博士90210	E!	2004年7月11日
2005年英国的造型秀		
整容手术	频道5	
太阳、大海和硅酮	天空1	
年轻十岁	频道4	

人们可能很容易把这些节目作为有害的例子,它们表现出父权制、资本主义意识形态、新自由主义市场文化、极度不雅的趣味、糟糕的大众文化、令人羞耻的剥夺、观众的操控、为同性恋的正名、后现代想象、堕落的美国文明、美人形象的狂轰滥炸、消费者的自恋、无聊、表面的文化消遣、等等。

然而,整容手术的电视现场节目提出了严肃的问题。首先,我认为它们成为媒体文化的典型形式,把波德里亚的超真实(hyperreal)概念提升到一个新的高度,展示了迄今为止人与信息机器的难以想象的结合。第二,这是我的主要关注点。我将探求这些秀们是否以及怎样阐明了福柯的关照自我(the care of self)概念的新变化。① 为了这一目的,我将试图根据电视报道来推断在福柯的主体阐释学观念中媒体位置的意义。在转向这些某种意义上分量不轻的任务之前,如果仅仅指出整容手术可能是一种身体关系的形式,它的使用不可完全归入晚期资本主义文化的奇想之下,那么我将试图通过对奥兰个案的探讨,清理出一个便于分析的空间。对于人类社会的整个历史来说,身体整形都是普遍存在的,从割礼、阴部扣锁术、修复术方式(Wills 1995 482)和纹身,到穿孔、烙印、割划、激光眼睛手术、截肢、日常饮食和药物的改变、肌肉的塑造——这一项目单几乎可以一直开列下去。作为"自然的"或神圣的客体,在任何环境下都不一定被触摸或改变,身体的观念是基督教科学的一种独有的幻想,或许也是其他的为数不多的祭礼和观察之点。

奥兰个案

法国表演艺术家、女性主义者和文化批评家奥兰(Orlan),作

---

① 利拉(O'Leary 2002)主张,"souci de soi"最好翻译为"关注自我"(care of self),避免使"自我"成为一种原子。

为一个例子,在把媒体传播上的整容手术的文化意义归于一大堆商业文化的垃圾之前,有必要让人们对其驻足观看。在20世纪60和70年代,奥兰是一个政治上激进的和女性主义的艺术家,是典型的新左派的法国版本。如同克里斯·伯顿(Chris Burden)一样,在70年代的表演中,克里斯的一个助手枪击全副武装的他,奥兰在公共场所的整容手术艺术落入了身体秀的范畴,其目的是让观众震惊于对肉体再造的新认知。正如阿米莉亚·琼斯(Amelia Jones)指出的,许多艺术家,从卡罗里·施尼曼(Carolee Schneemann)到耶尧伊·库萨马(Yayoi Kusama),他们已经在复杂的场合和背景里展示他们的身体,经常用甜腻的物质涂抹在他们裸露的肢体上。(Jones 1998)从这些艺术作品到奥兰的表演性手术,其距离并不远,尽管在它们之间也存在非常大的差异,但就我在这里的目的而言,它是可以被忽略不计的。与艺术史相似的一点很容易被指出来:奥兰1983年的作品,《天使奥兰的设想》(The Assumption of Saint Orlan),把艺术家暴露单乳的姿势和下面的影像显示器与她的身体复制的形象结合起来。在这一和其他类似的创作中,奥兰参照了欧洲的早期艺术,比如借鉴了伯尼尼1977年表演的《艺术家之吻》(The Kiss of the Artist)中的《天使泰勒萨的狂喜》(Saint Teresa in Ecstasy)。(O'Bryan 2004 3)整容手术被引入她的《天使奥兰的再生》(The Reincarnation of Saint-Orlan,1990—1995)这一表演方案。在奥兰的远近闻名的录相带中,她的手术非常不同于在美国广泛流行的手术,那是超符码地进入电视现场形式的电视节目。她的手

天鹅之路：在超真实中关照自我 141

图1 作为天使泰勒萨的奥兰

术试图超越政治的表达，从而成为一种艺术品。正如布赖恩(O'Bryan)令人信服地指出的那样，在19世纪资产阶级的震惊（中产阶级的震惊）的传统中，奥兰的作品把许多层面结合起来：

艺术史、女性主义、激进政治、后结构主义理论。通过列奥那多·达·芬奇《蒙娜丽莎》的面部幻像、桑德拉·博蒂西利（Sandro Botticelli）《维纳斯的诞生》（*The Birth of Venus*）和其他的作品，

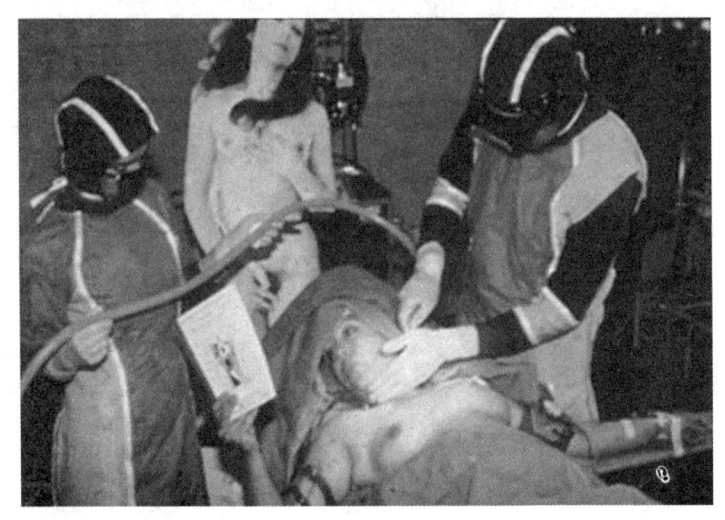

图 2　奥兰和博蒂西利的维纳斯

也就是通过把艺术史与活生生的肉体结合起来，这一手术被赋予了自身的特征。一些学者质疑奥兰表演的自我升华的本性。由于是作为皮埃尔·卡尔丁（Pierre Cardin）的附属品被精心地生产出来并且尽最大的努力进行表演，奥兰经常被认为是一个狂热的或甚至是危险的媒体机会主义者。然而，她的表演还是反抗了来自异性恋规范的男性凝视和更加普遍的强制所有性别的压抑性商品文化。最终，奥兰的表演引发了对福柯、德里达、德勒兹和拉康研究中的基础主义和自然主义的批判，反抗了启蒙思想关于身体和文化的虚假设想，这些争论普遍地存在于英语写作者中，

比如朱迪思·巴特勒(Judith Butler)、特莱萨·德·劳雷蒂斯(Teresa de Lauretis)、伊利莎白·格罗萨(Elizabeth Grosa)和其他人。当我们转向下一步在美国电视现场语境中探讨整容手术时,我们必须记住,当普通人利用它们使自身进入美人规范时,这些医疗手段继续了探求呈现自我方式的身体表演之线索。

秀

《天鹅》和《我想要一张有名的面孔》的每一场都在一种严格的重复式的程式中呈现出来。《天鹅》开始于每一个参赛者的肖像。这些参赛者的年龄在二十六七岁到三十五岁左右,全部都是女性。有几个妇女是有色人种,四分之三是白人。参赛者来自全美各地,既有中产阶级又有工人阶级。大部分都有一系列的个人问题,从男人离开了她们、不自信到在中学里当男孩子嘲笑她们的外表时通常发生的伤害事件。这些关于折磨和绝望的叙述对于秀的剧情和变成天鹅是至关重要的。每个人都使自己显现出愿意被挑选去参加秀,并被确定为"天鹅"。每个人都表示手术将使她们的生活变得更好,可以解决她们的无数问题。于是,参赛者与"专家"小组会面,他们包括整容手术医生、牙科医生、个人训练师和精神分析学者。这些专家会诊参赛者,确定一系列的医疗程序。参赛者被隔绝在一个没有镜子的房间里接受治疗。这一程序开始于参赛者最初的乐观和接下来的手术疼痛的折磨。《天鹅》向参赛者表明一种禁欲的代码:判断她们是否很好地遵循了专家们提出的训练方法。

在康复后,参赛者被带入一个超级化装间,以便"展示":自从疗程开始以来,她们第一次看见自己。这是在专家、节目主持人和观众面前进行的。每一个人惊讶于参赛者的身体变化,道贺声不断。这些专家现在成为评审人,决定哪一个参赛者将继续进入挑选"天鹅"的宏大的终场。评判的基本标准是参赛者在她们的变形中的努力,在多大程度上她们遵循了专家们提出的训练方法。胜利者不必是最漂亮的,无论这意味着什么,但是她是为了个人名誉而最刻苦的。这一道德的审判被节目主持人反复宣布过,对观众来说,他们目睹的这一戏剧的本性是没有任何疑问的。

《我想要一张有名的面孔》则有不同的但是同样严格的程式结构。参赛者都是年轻人,大多数二十出头。他们更加多样化:一些是男人,一些是双性恋者、裸体者、伊尔维斯(Elvis)的模仿者,简言之,比起《天鹅》来,人们更加远离传统的生活方式。《我想要一张有名的面孔》没有画外音和节目主持人。它是表现为一种纪实和交谈方式,而不是一种竞赛。对于可能的手术结果,比起《天鹅》的参赛者,个人表现得更加灵活和实际。他们并不处于心理危机之中,而只是想通过身体的变化来改善环境。有人想给女友留下深刻的印象,有人则想把模特作为一种职业,有人希望成为一名歌手和演员,等等。除了参加者自己,任何人都无法作出判断。除了整容手术医生,个人教练、心理学家和类似的人都无济于事。荧屏闪现出每一项手术的价格以及整个手术的花销——无疑是虚假的——那是参加者要支付的账单。《天鹅》还展现每一个程序的图像,但是不包括需要支出的费用。在每一场的开始部分,一个声音告诉观众,成千上万的年轻人正在选择整容手术,但是在每一场的中间部分,有一个两或三分钟的片段,突出介绍一个已经经历了相同程序的参加者,但是他的生活被手术毁掉了。相对地,《天鹅》展现的完全是对整容手术的乐观态度。或许,《我想要一张有名的面孔》包括失败的手术,是为了保险的目的,作为对观看者的一种警告。然而,《我想要一张有名的面孔》的显著特征是,每一位参加者都是名人的粉丝,都想通过手术成为身体上的模特。参加者想要的是"有名的面孔"或身体。《天鹅》的参赛者首先最无助地被展现在灯光下,比如没有经过化装,与此相对,《我想要一张有名的面孔》的参加者通常是相当有吸引力的,他们期待的"改善"比起《天鹅》的参赛者来远不是那么强烈。前者通常看起来像他们起点时的偶像。

其他的整容手术的电视现场系列节目与《天鹅》和《我想要一张有名的面孔》略微有些不同。但是,这些结论已经足以指明这一规则的一般特征。我们现在可以试图解释它的文化意义了。

波德里亚的超真实

整容手术电视秀落入了电视现场这一形式之内。关于电视现场的一般问题的研究,呈现出三个方向。首先,回寻西奥多·阿多诺(Theodor Adorno)和马克斯·霍克海默(Max Horkheimer)《启蒙辩证法》(*Dialectic of Enlightennment*)中有

图 3 之前和之后

关文化工业的章节,从中发现关于广播媒体这一旧意识形态的新版本。第二,回溯斯图尔特·霍尔(Stuart Hall)和其他人的英国文化研究,通过额外地设置抵制的指向,努力使这一分析复杂化。我将概要地浏览每一种立场。第三,面向近来电视现场的连续播出,它带有较早的广播和电视的传统,包括其中的许多要素,但没有任何标明。不同于《女王的一天》(Queen for a Day)和《忠实的照相机》(Candid Camera)——仅提这两个,秀展示了普通人是以何种方式填平了私人和公众、私下生活和大众电视观众之间的鸿沟的,非常像这一形式的最新版本。出于需要澄清的多种原因,这篇文章将只聚焦前两种理论倾向,把历史连续性的问题放在一边。

以阿多诺和霍克海默的方式,马克·安德莱耶威克(Mark

Andrejevic)指责电视现场使"互动性"(interactivity)混同于广播媒体的做法。法兰克福学派很久以前就抱怨广播媒体的霸权本质,向整个社会发出相同的信号,即观众没有任何反馈的可能性。相对地,贝托特·布莱希特(Bertolt Brecht,1979—1980)和后来的汉斯·马格涅斯·恩泽斯伯格(Hans Magnus Enzensberger,1982)预见了引导双向性进入媒体并由此使其民主化的时机。根据安德莱耶威克的观点,电视现场虽然获得了互动性,但却是通过强化对观众的监管达到目的的(Andrejevic,2004)。像互联网、电视现场,通过互动性承诺民主,但是又通过强化新自由资本主义对人口的控制终结民主。在电视现场显现民主化的同时,他认为,这确实导致了对"作为自我实现和自我表达的显示器化的理解形式的屈从。"(10)安德莱耶威克在这一语境中举出一个整容手术节目:"《极端美容》有效地把这一双重行为结合起来,把观众中的成员转换为真实的电视名人,与此同时,重新把他们塑造成符合名美人的传统形象。"(10)电视现场仅仅是一种伪装,是文化工业对社会的犯罪,现在必须遵从"互动经济"的支配。尽管他自诩为"批评者",但是他对电视现场谴责的修辞效果不是在促进斗争,而是在促进麻痹:没有什么可以去做,统治力量无法同化。学术界的文化研究在这样一些学者的手里偏离了方向,拒绝大众文化中否定辩证法的任何暗示。①

电视现场研究的第二个方向是更加细腻的表达。苏珊·默

---

① 关于《极端美容》的一个女性主义的分析,类似于安德莱耶威克,参见(Weber 2005)。

里(Susan Marray)和劳丽·欧莱纳(Laurie Ouellene)接受法兰克福学派关注文化商业化的一般倾向,并且在电视现场中发现了这些倾向。但是她们还是专注于这一形式的文化层面,并且在它的话语方案中发现了某种矛盾。对于她们来说,电视现场"是一个不稳定的文本,它鼓励观看者检验自己的真实、普通、熟悉的观念,反对他们眼前的再现,与一些批评家宣称的极度的、欺骗的和单一的形式完全不同,电视现场提供了一个多层面的观看体验,它是随着文化上和政治上的什么是真实、什么不是真实的复杂观念而转移的。"(Murray 和 Ouellette, 2004 6)作为一种"真实"的文化建构,电视现场揭示了真实问题,同时,这一问题也是它试图封闭的。对于观众来说,这一形式开启了抵制宣传的可能性。在安德莱耶威克、默里和欧莱纳的论述里,更一般地指出电视现场中的监控倾向,结论是秀缓解了观众对这样的显示器化的抵制。因此,他们还尝试着承认,电视现场"提供了一个机会,取得对电视形象和话语的控制,使其远离文化工业"(9)。

这些是有价值的电视现场的分析方向,同时,还无法更有力地检验存在问题的媒体的文化形式。对于问题的这一维度的把握,我们必须转向让·波德里亚的研究。对于波德里亚来说,媒体模仿真实而不是再现真实。与把真实超符码化为书写的或印刷的文本不同,电子媒体直接显示出复制的真实。在电视上所看到的似乎是真实本身。我们在日常生活中观察到的形象和声音,显现在荧屏上。(Baudrillard,1983)混淆这些意义,荧屏扮演了真实,当它被体验时,把某种根本不是真实而只是真实的仿像的东西展现出来。波德里亚的观点是,仿像是真实的,只是来自日常生活的不同秩序。这一不同秩序,他命名其为超真实。媒体把某物引入文化景观,它并不很真实,也不算是真实的再现。在荧屏上呈现的东西是可见的,但是奇特的。对于波德里亚来说,媒体总是在扮演它们作为拟真和作为真实的双重身份。在最近的研究中,他努力把媒体的超真实理论化为一种拜物教:"所以,首先,真实之物变成符号:这是拟真的阶段。但是在接下来的阶段,符号再次变成物,但是不是真实的物:一个甚至比符号本身更加远离真实的物——再现之外非照相之物:一种拜物教。"(Baudrillard,2001 129)于是,媒体生产真实层面,它如此这般地呈现,比真实更真实。

波德里亚关于电视现场的分析内容,在已经构建的奇特的作为超真实的电视现场中,其形式更进一步复杂化了。他写道:"甚至在电视现场中,在活生生的故事讲述中,在直接的电视化的行为中,我们亲眼目睹了存在和它的重复的混乱之处。不再有距离,不再有真空,不再有缺场:人们没有遇到任何障碍地进入荧屏、进入虚拟图像。人们进入自己的生活的同时也就步入了荧屏。人们过上自己的生活,如同穿上一件数字外衣。"(Baudrillard,2005)在关于法国的电视现场秀的讨论中,带有无法掩饰的不满,波德里亚把电视现场《阁楼》(*The Loft*)解释为一种超真实的神化。他写道:"就是在今天,正是真实本身使大众充满荧屏,以便自己从那里脱身。没有什么可以把荧屏和世界分开。渗透式的电子形态是绝对的。"(Baudrillard,2002 482)电视和真实之间的鸿沟在《阁楼》里消失了。

通过使用非专业演员或普通人,电视现场试图捕获观众的兴趣。[①] 安德莱耶威克和默里/欧莱纳报告说,电视观众发现,比起经过训练的演员,对普通人的认同更容易一些。电视现场的迅速成功肯定了这一直觉。到 2004 年,电视现场在主要的电视网上主导了黄金时段的播出。这一形式试图尽可能地拉近电视内的真实和电视外的真实之间的距离。当然,动力来自收视率和广告收入,电视的行政当局很愿意播放任何被允许的节目,以便获得收视率上的成功。电视现场秀的扩张无疑在很大程度上归于货币要求。然而,这一结果敞开了许多关于当代大众文化的问题。如果电视现场越来越包含外在于电视真实的方方面面,那么这改变了电视的真实吗?像《大兄弟》(*Big Brother*)这样的秀,获得了广泛的国际成功,摄影机被放置在一个活动的空间,并且完全记录了所发生的一切。这样一种明显的事无巨细的传播是真实的复制而由此不同于超真实吗?

HBO 的《归来》(*The Comeback*,2005)直接面对真实和超真实的叠加。名义上,关于先前的情景喜剧明星(瓦莱拉·切利斯[Valerie Cherish]由丽莎·库多[Lisa Kudrow]扮演)的《归来》,这场秀虚构了电视现场,展现出完全脚本化的剧情,挑选专业演

---

① 波德里亚最初涉足电视现场是在他的一个相对来说较长的关于公共电视文件的评论中,这份文件是关于桑塔·巴巴拉(Santa Barbara)的洛德一家在 1971 年的加利福尼亚的情形。在分析中,他把秀作为一种"实验",把它视为一种"监控机制"和一种仿像。(Baudrillard,1994 27—32)

员,上演电视现场秀。主人公正在拍摄电视现场节目,但是我们看到拍摄本身使一切变成了双重电视现场秀。当她的意外之事同时发生时,瓦莱拉反复要求导演停止拍摄。还有在自我参照的第三个层面,你猜到了,这一线索关注身为明星的演员为了拍摄而试演电视现场秀。在几个不同层面上同时完成《归来》的过程中,它使电视现场这一形式彻底地成为问题。由于这一线索关注衰落的名流的命运,它还针对电影和电视工业与电视现场现象之间的关系提出问题,并使其主题化。

批评家们很快指出,电视现场不是简单地对真实的模仿。媒体的中介作用总是改变着指向,总是通过机器装置系统地转换着摄象机和麦克风前的东西。比如,在《存活者》(*Survivor*)中,秀是经过严格结构化的:参赛者和环境是用心加以选择的;当参赛者被他们的同龄人投票选出时,这一程式强调叙述的张力;对于获胜的参赛者和可能的所有参与的名人在报酬上的许诺;等等。整容手术秀在他们的严格结构化的程序中是相似的。尤其是,事件的形象和声音被记录下来和加以传播,被单亲家庭的住所、酒吧之类的地方的电视所接受,(Spigel,1992;McCarthy,2001)把声音和图像投射到观众的心坎上。显示为"真实"之物被电视化为超真实。荧屏媒体的效能无法消失,因为秀的内容是"真实的"。

人们可能争辩说,电视现场是一种形式,它反映了媒体文化的当下水平。如果在似乎是无限的程式和类型中不再有信息机器的普遍播散,它体现和言说的"现场"就不是外在于电视的内容,而是电视自身。如果它是立场单一的交流媒体,电视将不再存在。马歇尔·麦克鲁汉(Marshall Mcluhan)指出,新媒体包含旧媒体的内容。(McLuhan,1964)戴维·波尔特(David Bolter)和理查德·格拉森(Richard Grusin)提出,新媒体绝大部分是对旧媒体的"补充"。(Bolter 和 Grusin,1999)今天,我认为,媒体景观(Appadurai,1996)是一种互动技术的网络。互联网、移动电话、数字光缆、mp3 播放器、卫星传输——社会空间是被媒体的组合填充起来的,它们彼此之间相互交叉和交流。肥皂剧爱好者在聊天室交换各个情节的解读。(Baym,2000)使用移动电话的年轻人,在观看 MTV 的同时,给朋友发送信息。在令人惊讶的数字里,电视现场的观众浏览与秀相关的网站,并且为它们提供资讯。博客为观众提供发表他们的意见的空间。计算机游戏变成电影,电视系列剧变成电影,并且相反,电影变成电视系列剧,广播剧秀被电视化了(Howard Stern);电影系列由业余导演来制作(Panic Struck 生产的《复活》[*Revelations*]作为《星球大战》[*Star Wars*]的续集;博客变成书籍和电视节目——变异和混合是无穷尽的。实际上,图像、声音和文本,一切都数字化了,文化物品的混合(样品等)成为媒体景观的文化主导。

电视现场的另一个变异在于互媒体主题:秀对"真实"的占用已经非常严重地中介化了。所以,在电视和真实之间不存在一条清晰的界限,而是一条两者总是已经混合的纽带。波德里亚把这一结果定义为不规则碎片化的主体:

通过网络、荧屏和新技术,他的"自由"和解放的最后阶段,现代个体成为不规则的碎片化的主体,具有进一步分解的无限性和个体性,自身的封闭和命运向身份的无限性敞开。(Baudrillard,2001 47—48)

对于他来说,无法逃脱信息机器的扩张和它们建构的主体。奥兰,对于波德里亚来说,是一种征候,而不是一种对当前绝望处境的抨击:"我们处处发现相同的禁欲象征……由奥兰和其他许多人进行的塑形手术,实验并改变他们的身体,达到残疾和折磨的程度。"(49)在文化和技术之间的整合过程是如此地发达,以致于人们现在,在他看来,是"空想的鸡尾酒"或"活生生的空想,陌生的人和机器的混合物……"(112)那么,电视现场可以仅包含电子人,更不用说我们已经成为的人-机界面。在检讨与波德里亚的超真实概念相关的整容手术秀之前,我们必须探讨一下福柯的关照自我的观念。

福柯的双重策略

如果说波德里亚的超真实概念解除了媒体中尤其是电视中的自我的文化联系,那么福柯的写作添加了一个还远未得到分析的向度:权力技术中的身体建构。在《规训和惩罚》(*Discipline and Punish*)和《性史》第一卷(*The History of Sexuality: Volume I*)中,福柯开拓了一个研究身体的领域,身体是怎样被包含在话语和实践之中的,这些构造在一个给定社会里对自我的文化特征是怎样至关重要的。他的监控观念,通过全景敞开的结构和通过正名实施的规训,已经证明是处于理解电视现场的中心,正如我们在讨论安德莱耶威克和默里/欧莱纳的研究中已经看到的那样。当然,在一般的电视现场,尤其是在整容手术秀中,伴随从詹妮卡姆(Jennycam)到个人网站和博客的互联网模式,个人的自我展示构造了监控的形式,它使福柯分析的语境复杂化了。今天,监控通过摄像机延伸到大街和公共建筑,而且通过个人生活似乎是自愿的公共展示延伸到媒体;外加上这一展示主义的荟萃:人们通过信用卡购物、长途和移动电话通话以及我称之为的我们所具有的超全景显示,它们构成了对资料库的无意识、无意向的贡献。(Poster,1995)正如福柯的监控思想一样,其丰富性已经成为文化研究的内容,它一直缺乏对媒体理论的尊重,并且缺乏在机器/人界面的信息系统中对凝视的独特性的尊重。我在这里将试图通过附加的媒体探讨,尤其是整容手术的电视现场的探讨,展开福柯关于身体和受监控主体的分析。

与通过监控和正名进行权力分析比起来,福柯研究的另一方面并不突出但或许是与电视现场的理解更加密切。我指的是他的后期写作——《性史》第二卷、第三卷(*The History of Sexuality*, Volumes 2 and 3)以及最近以英文出版的1982年在法兰西学院的讲演,题目是《主体解释学》(*The Hermeneutics of the Subject*)。福柯的关照自我概念在他的这部《主体解释学》的著作里得到了最充分的发展。具有讽刺意味的是,这部书是根据他的讲演录音整理而成的(通过注释进行了一些修正)。于是,录音机(替代印刷书籍)这一中介对于理解福柯后期关于自我或自我与伦理的关系这一思考的中心方面是必不可少的。在这些写作与同时期的不多的短篇(从1980年到1984年他离世之间的访谈和讲演)里,福柯开始了思想的第二条路线:不是过多地通过权力技术、话语和实践的混合的建构去分析主体,而是通过主体的自我创造、他或她的自我主体化、个体通过实践和阐释来构造他自身/她自身的复杂方式去分析主体。福柯坚持认为,他的新工程——伦理谱系学——是平行于同时又是远离于他的早期研究的:

> 谱系学的三个领域是可能的。首先,与真实相关的历史本体论,由此,我们把自身构造为知识的主体;第二,在与权力领域的关系中我们自身的历史本体论,由此,我们构造了作为影响他者的主体;第三,与伦理相关的历史本体论,由此,我们把自身构造为道德的力量(Foucault, Rabinow et al., 1997 262)

这一自我主体化的最后一项并没有取代而是更加完善了早期的研究。

可以确信的是,关于伦理学的后期研究,福柯并没有提出关于自主个体、自我解救和自由解放观念的新版本,他建立了一个如同喜剧角色巴隆·温·米切森(Baron von Munchausen)一样的稳定的身份,通过自身努力而确立自我。这一西方幻想毕竟是福柯批判的主要话题以及他的研究的先入之见。实际上,后结构主义把他的自我主体化观念展现为西方思考中的一种选择以及被轻视或受压抑的倾向,这一倾向被"认识你自己"的训谕所遮蔽。福柯构造了他所指向的"关照自我"这一传统,暗示在某种程度上实施的选择性文化,在目前为一种新型的解放的努力提供可能的资源。这里,他从尼采那里获得启示,尼采预见了"价值重估",其中伦理将不是建立在放弃和自我限制的基础上,而是建立在美学的基础上。(Foucault,Rabinow et al.,1997 262)福柯参与了对文化做出贡献的主体的阐释工程,其中"每一个人的生活[可能]变成艺术品……"。(Foucault,Rabinow et al.,1997 261)我将提出与整容手术电视现场相关的关照自我的问题。在进入这一工程之前,彻底理解福柯的关照自我的思想是需要的。

在1982年法国大学的讲演中,福柯提出了古代世界的伦理谱系学,集中在古希腊时期,在当地"关照自我"达到了它的发展顶点。福柯比较了关照自我与柏拉图主义、基督教的和现代哲学中的自我关联,主要是笛卡儿的自我关联。在所有的这三个例子里,福柯力图区分作为"精神"实践的关照自我,其中的自我被转化了。在关照自我中,自我不是被发现的,如同它在笛卡儿那里或者在萨特那里所具有的公正性。古希腊的关照自我是一个复杂的长期的实践,在此,个人力图改变他/她自己,似乎在柏拉图那里,或者正如在基督教那里一样,在超验原则的图像中转化自我。这里是福柯所给予的古希腊关照自我的一个定义:

> 人必须生活在人的生活里,以一种每时每刻的关照自我的方式,在生命的谜一般的目的里……人们所发现的……是一种确定的自我对自我的关系,它是生命的荣誉、实现和报偿,作为活着的检验……为了生活得更好或更合理,人并不在意自我;并且为了很好地统治他人,人也不在意自我……人们必须生活,以便确立最有可能的与自我的关系。(Foucault,2005 448)

古希腊时期的希腊人发展了一种自我构造的文化,通过中介化、写作练习、集体集会和其他活动,潜在地向所有人开放。直接的目的是生存的艺术化,这是一种自我关联的审美,一种精神构成的伦理。福柯把这一实践设计称之为"关照自我",包括身体的活动,与他者的关系以及对世界的观察。然而,它的目的是寻求自我存在的模式中的一种改变。(238)

福柯坚持认为,尽管关照自我出现在古希腊时代,但它是"一个思想事件","它对我们的现代的主体存在模式还是有意义的"。(9)于是,不是对古希腊关照自我模式的可能重复,而是在当代语境中作为一种潜在的调整,他的知识史具有了当代意义。福柯反省柏拉图的、基督教的和笛卡儿的主体与真理之关系形式的主导性,在关照自我中发现了一种批判的可选择性。确实,他认识到关照自我的政治方面的意义。他宣称说,关照自我是"一种急迫的、基础性的和政治上必不可少的任务……"(252)人们所具有的与自身的关联既不是自恋也不是自虐,而是"最初的或最终的抵制政治权力的场所……"(252)他把关照自我与他的更加明显的政治方案联系起来：

> ……我一直尝试在分析中前行，你可能看到权力关系、政体性、自我和他者的统治，自我与自我的关系，它们构造了一个链条、一个线索；我认为，正是围绕着这些观念，我们应该能够把政治问题和伦理问题联系起来。(252)

因此，关照自我是抵抗的维度，或许是文化竞争的基础。

在文化研究中，存在一种趋向，即把政体和关照自我的观念与主导和监控的新自由形式结合起来。以这样一种观点，新自由主义要求作为消费者的个人，在媒体尤其在电视的帮助下，格外要规训自身。(Hay, 2003 165－206)消费实践和媒体参与在这里不只是一种工具，借助这一工具，政体确保了资本主义的稳定功能。人们关于自身的研究融入了经济法则。人们越是试图改变自身的存在模式，就越支持退出自由的政体。对于这一争论的路线，无疑存在某种真理，与此同时，它极其迅速而紧密地封闭了这一循环。人们所做的任何事情都可以被解释为遵从"新自由主义"。反对战争可以被视为民主在美国起作用的明证。如果解释的这一路线是总体化的，那么抵抗就变得不可能，给人的印象是社会领域是一个没有断裂、敞开、逃逸路线的同质景观。承认这一危险，关照自我正是医生对新自由主义所下的命令，因此，我将把焦点放在整容手术电视现场这一现象中，揭示其违反和抵制的方方面面。

在我开始下面的论述之前,福柯立场的其他方面必须被清理。正如我们已经看到的,福柯很少提及与当代文化相关的关照自我理念,但是关于关照自我的一个区分是至关重要的,并且必须牢牢记住。在回答来自保罗·拉宾诺(Paul Rabinow)和休伯特·迪雷福斯(Hubert Dreyfus)提出在现代社会和古希腊伦理学中共有的自恋,在回答来自他们的问题时,福柯提供了如下评论:"在自我的加利福尼亚崇拜里,人们推测去发现真实的自我……不仅我不会把自我的古希腊文化与你可能称之为的自我的加利福尼亚崇拜相联系,我认为它们恰恰是相反的。"(Foucault, Rabinow et al., 1997 271)如果《我想要一张有名的面孔》和《天鹅》只是被理解为在探求真实的自我时对个体的描写,那么非常清楚,这一问题不是对福柯的关照自我理念的关心。我更想询问的是,在这些最悲惨的电视节目里是否存在一种对关照自我的暗示。正如福柯写道,我们的文化,它是非常复杂的,并不轻易地支持这一理念:"在我们的社会里,几乎没有这一理念的残余,人们必须关照主要的艺术品,人们必须提供美学价值的主要领域,它是人自身、他的生活、他的存在。"(Foucault, Rabinow et al., 1997 271)

手术再思

我将提出与《天鹅》和《我想要一张有名的面孔》相关的问题,

问题是这样的:当从关照自我概念的有利位置通达它们时,我们从这些秀中可能得到什么?当媒体空前密集、不断加强变动和互为中介地播散到整个社会时,这样一种关于当时大众文化的质疑表明了什么?(Hayles,2005)最后,关于人和信息机器之间的互动水平的提高,这样的分析结果指向了什么?我将检验上面已经讨论的秀的诸多方面,但是现在要通过福柯和波德里亚的文化理论的透镜来对它们进行分析。

在《我想要一张有名的面孔》的第二个阶段,MTV 在 2005 年 5 月 24 日播放了一个片段,一个名叫杰米的 19 岁女孩,来自亨廷顿海岸,她要进行整容手术,使自己看起来像波斯·斯帕塞(Posh Spice)。她说出的第二个目的是要通过手术给她的美发师史蒂文(Steven)留下深刻的印象,她希望史蒂文成为她的男朋友。杰米抱怨说,她的鼻子"太可恶了"。第三,她希望成为一个发型模特。如同《天鹅》的参赛者和《我想要一张有名的面孔》的其他参加者一样,手术的整容者是身体外观的自我批判者。女性,尤其是《天鹅》的参赛者,通常抱怨在中学时她们的身体遭到无情的嘲讽,这在她们的心里留下了深刻的印记和一种强烈的不适应感。2003 年,通过《我想要一张有名的面孔》的声音,有 200 万"年轻人"宣布成为整容手术的整容者,其中绝大多数被可怕的自我形象所折磨,而这一判断来自电视现场节目。这两个秀之间的一个区别是,《天鹅》的女性参赛者最初到场时,没有经过化装,看起来更糟,宣称她们遭受了心理创伤和情感折磨;而在《我想要一张有名的面孔》中,一开始的主题就是要获得美好的外表,有信心地谈论希望改善他们的外表。他们在心里拥有实际的目标——比如,进一步谋取模特这一职业。

面对《我想要一张有名的面孔》,道德的声音是沉默的。这里的真实是通过一次整容手术的实践改善自我。这一呈现的唯一的否定方面是在每一节目的中间部分,相反的例子出现了。另一个人的经历得到反思,这个人进行了失败的整容手术,带有严重的医疗后果,而其他人在他们渴望改造身体方面甚至几乎没有任何改变。《我想要一张有名的面孔》的编导者为什么在每一次播放中都重复这一警告,除了或许是为了保险的目的,以便观看者决定是否复制这一秀并且选出结果不好的手术之外,其他并不是很清楚的;在这一秀的另一点上,整容者身体的标示显现在荧屏上,指出要开刀的身体部位,以及每一次手术的花费。《我想要一张有名的面孔》的一个幻想是,主体应该支付手术费用。但几乎可以确定,MTV将负担这一支出。

《天鹅》则非常不同:组织"专家"评估参赛者的全部手术。这一专家组由两个整容医生、一个牙科医生、一个心理医生、一个身体训练师和一个饮食专家组成。严格的体制强化了这一主题,覆盖了从心理到身体的所有方面。参赛者成为福柯意义上的个案,向医疗凝视开放,细致地观察改进或受挫的符号。使主体与她的居室隔绝几个月,没有镜子。正如监督者所强调的,从整容者居住的房间搬走镜子的目的是提高当她们手术后第一时间看见自己时"展现"的戏剧效果。相反,在《我想要一张有名的面孔》的杰米片段中,一只画的猫注视镜中的自己,它看见了一只狮子。《天

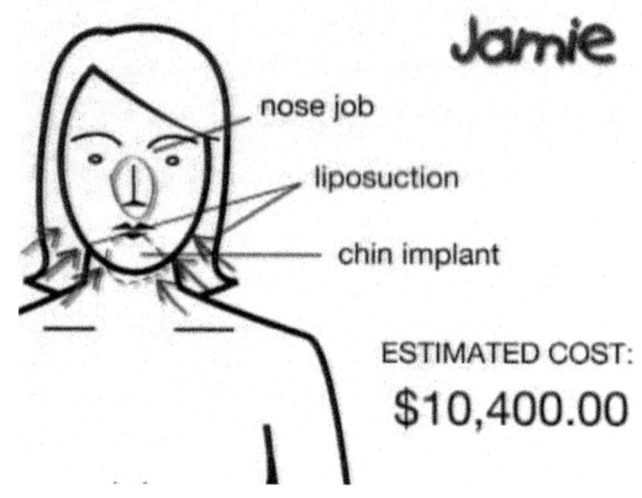

图 4 手术的费用

鹅》强化难度大的实验,参赛者具有大面积的身体手术,在体育馆里进行长时间的锻炼,并且精心地控制进食。总体的生活改变对于个人来说是至关重要的。秀提供了从高昂的手术费用到成为天鹅的承诺。《我想要一张有名的面孔》则没有任何的承诺,参与者自己来确定收获。

两个电视现场节目对批评是开放的,它们规训参加者和观众,使他们服从于他治的美人理想和权威的医疗技术。在《天鹅》的节目中,每一周参加竞赛的获胜者参加最后的美人庆典,以选出"天鹅"。观察者指出,相当多的参赛者看起来非常相似。她们具有相同的头发造型、相同的面部特征、相同的身体轮廓。很明显,医疗专家组的"客观的"判断把相同的身体形象放到所有参赛者的身上。尽管参赛者向专家们展示出她们被实施外科手术后的优化结果,但是在大多数场合下,医生具有最后的决定权。奥兰自觉地认识并解构了《天鹅》的开刀和缝合的整容手术,作为西方艺术史的美人典型,没有意识到强加的统一的标准。①《我想要一张有名的面孔》的参加者,她们的手术方案更加有预见性,选择名人作为模特,几乎是以奥兰的方式,坚持外科医生满足她们的愿望。可以指出的是,在《我想要一张有名的面孔》里,外科医生的出场是谨慎的和"专业的",警告他们的整容者,她们不要成为她们选择的名人的克隆品。在《天鹅》里,医生有权设计手术。在这两个案例中,手术的选择已经偏离了个人对他治的美人形象的接受,当她们被文化工业和医生定义时,每一种情形,男性还是具有对这一过程结果的影响力的。

因此,在这两个电视节目里,个人以自我关照的伦理从事着自我的改变。首先,在把"私人的"医疗过程带入"公共的"医疗空间的意义上,她们参加了超越电视宣传的行动。她们以某种方式向电视观众显示了她们个人生活的诸多方面,直到最近还很少在媒体传播上出现。两个秀意识到,它们正在把可接受性推向极限。《我想要一张有名的面孔》通过塞入一个失败的手术过程的片段,而《天鹅》通过它的第一流的庄园般的布置、它的对"专家组"的尊重和它的禁欲的道德性,由此判断参赛者是如何努力来改变自我的。这些获胜机制穿越私人的界限而赢得了观众的接

---

① 在促进整容手术文化上,维维安·索波哈克(Vivian Sobehack)以她通常的学术锐气分析了电影院的作用。参见《疤痕的妇女:电影院、手术和特殊的功能》的第二章(Sobeback 2004)。

受。如果安德莱耶威克是正确的,电视化的自我表白是新自由统治的新王国部分,那么同样真实的是,整容手术对个人生活的公共展示突破了 2004 年还存在的责任界限。对于普通人来说,表演不是一种向无数观看者暴露私密举止的行为技巧或训练,它践踏了在他们的成长和社会化中学到的规则。对于参与者和观众来说,手术可以被解释为关照自我的新模式。在一个中介化文化的时代,秀巩固和合法化了自我改变的伦理,它当然不同于福柯所讨论的希腊化时代的情形,但是或许更加符合信息机器与人处于一种全新的关系的时代特点。① 从这一视角看,电视现场的手术可以被视为是一种走向新的关照自我形式的冲动,它们在中介化文化的当下构成中探索主体化的可能性,而它们自身中没有自由或反抗。

波德里亚的超真实理论在这一点的分析上变得非常迫切。② 正如默里和欧莱蒂争辩说,在整容手术节目中,电视现场作为典型的例子吸引了观众,因为主体出现在不同于日常生活的荧屏

---

① 塞利·卢拉(Celia Lury)出色地讨论了这样的新奇性,正如她称之为的"修复术文化"和"实验个人主义"。(Lury,1998)我对"修复术"一词比较敏感,因为它表明了人类的一种观点,以反对一种视野,即标明新的主体立场是人类的互动与信息机器有关。卢拉把修复术文化与照相中介和一般的中介化文化的形象构成相联系。在那一程度上,我的关于电视现场手术的分析是与她的主张有关联的。她提出修复术这一思想,不仅是作为一种对自我的附加,而且是作为在这一过程中自我的转换。然而,我怀疑对作为修复术的这种关照自我的呈现设计的构造。

② 波德里亚关于整形手术的评论散见于他的写作。参见比如《手术的修饰》(Baudrillard,1993 44—50)。

上。观看者看见的人就像他们自己，在进行潜在的生活改变的手术，并且非常冒险。电视上所发生在参加者身体上的事情，也发生在她们的媒体之外的生活中。她们身体所发生的改变在宣传之后还一直保留着，在超真实之外保留着"真实"要素。然而，真实是有疑问的。观众所经历的是被电视装置中介化的。观看者对主体的情感磨难的观看和倾听，近距离地观看实际实施的手术。在某种意义上，他们比朋友和亲属更加近距离地见证了病人所遭遇的折磨，因此是超真实的。同时，传播是细致地被导演、编辑和剪辑的，如同任何的情景喜剧或警匪剧一样，即使没有脚本。它穿插了广告，并策略地通过网络直接播放。它与其他网络的秀节目展开竞争，在播放之前和之后，假定扩大发现更多观众的机会。它还成为更大的互联网、电话网、报纸和杂志等媒体景观的一部分。在这一意义上，整容手术节目成为媒体的内容。它们的"真实"是足够实在的，但是又不同于非媒体的真实，因为，这正是我的主要观点，信息机器处于人类经历的中心。这些电视现场节目是通过机器被经历的，更进一步，是通过人/信息机器集合所构造的新结构被经历的。无论秀对观看者具有怎样的影响力，考虑到他们对整容手术的迷恋或对天鹅选择的迷恋，还必须被理解为人/信息机器装置的文化发展。我把超真实理解为这些界面时代里大众文化的一个显著方面。我们处于后人类（后现代，如果你期待的话）纪元，什么是私人的和什么是公共的，其决定权基本上是由日常生活的信息机器的作用构造的。向《天鹅》和《我想要一张有名的面孔》的观众定向发出的私密性信息是以新媒体景观为条件的。自我与自我之间的关系形式是怎样在媒体语境中启动和建构的？关照自我是怎样出现在不同于希腊化文化和现代文化中的可能性星座中的？

　　福柯对关照自我的理解，并没有把媒体带入思考，以排除古代的写作实践。无论如何，整容手术的电视现场秀指向了一种关照自我的形式，在此，媒体是关键性的。杰米在摄影机之前进行的手术，把她的私人生活带入公共空间。她的关照自我是在电视化的媒体之内起作用的。她使自己改变得看起来更像波斯·斯帕西(Posh Spice)，以便吸引她的发型师，并且进一步使她的职业全程媒体表演化。电视被改变了(通过传播私人事件)，观众被改变了(通过分享这些私密性信息)，杰米被改变了，首先从身体上的医疗手术以及接下来的电视上出镜。私人和公共通过这些秀连接在一起，形成了一种新的中介化经历的汇聚，遥远的私密性信息的汇聚。现在，关照自我要求信息机器处于它的完满状态。在杰丽·斯普林格(Jerry Springer)的秀和博客、网站上，所有的自我展示表明了新的构成。信息机器现在提供了新的公共/私人区分的文化空间。莎伦·坎伯兰(Sharon Cumberland)以同样的术语谈到了性问题："妇女正在利用赛博空间的矛盾——公共专题节目中的个人私密——探讨感觉和思想，对过去的妇女来说，这些被认为是冒险或不适合的。"(Cumberland，2003 275)她指出，这些欲望使得妇女"对许多的社会禁忌提出挑战，这些禁忌一直存在于自我探索和自我表达之中……"(同上)我将添加或补充她的观点，把"自我表达"改为关照自我。如果存在新的关照自我的实践，它们将主要实施于互联网、电视、移动电话和有线的、手持的计算机等。

福柯提出涉及关照自我的转变问题，其中的实施程度冲击了自我与自我的关系，导致了彻底的改变，正如它在电视现场中被称为的自我。福柯比较了希腊化时期的希腊和罗马、中世纪的基督教和1789年革命以及其他之间的转变。在第一种情形中，转变是一种从外向内的实践方式的变化，目的在于完善与自我的关系。(Foucault, 2005 210)它与其说是一种突变，不如说是为了基督教而后来发生的变化。它并不需要对一种自我的重新阐释或如它在基督教中的再生。令福柯着迷的转变是，希腊化的关照自我方式是一种运动，它引发了从世界脱离，从而建立和作用于与自我的关系。这是古代关照自我的"根本"方面之一，也是当代的反响之一。

《天鹅》和《我想要一张有名的面孔》的参加者非常清楚，他们并没有从世界上脱离，恰恰相反：他们正在制造关照自我的公共方面，而这一点在资本主义文化的现代时期被视为是私人性的。这是一个决定性的转折，我把它视为创新：通过把他们自身带入公共视野，带入电视的可见性中，他们还把关照自我的模式直接带入中介化的当代文化境况。在这一情形里，电视和录像设备这样的信息机器进入到关照自我平衡的中心。一直隐藏在像电影这样的现代媒体文化之中的东西，现在已经变成所有人都可观看和可利用的。一直特殊化地眷顾名人和富人之物现在已经变成对每一个人都是合适的（如果还不是完全可提供的）。关照自我作为中介化整容手术,已经进入一般的文化领域,对于每一个人来说,它变为一种固定的可供思考之物、观众可提质询之物,它不仅作为一种特殊的身体开刀的实践,而且作为关照自我的一般性的严肃问题。

结　　论

很明显,《天鹅》和《我想要一张有名的面孔》的参加者非常深入地受到异性爱的性别系统的影响。尽管参加《我想要一张有名的面孔》的某人是双性恋的,但是除此之外的其他所有人都是异性恋的,他们维护"性别的王国",福柯把其称之为我们当下的欲望文化。秀的参加者们实施了改革方案,他们使自身处于改变之中,本质上说,他们进行的改变部分地是精神的或伦理的,他们正在形成与自身的新的关系,尽管表面上屈从于文化控制的规范,却也在制造一种艺术的人生。如果在21世纪里严格地对待自我、关照自我,正如杰米的例子,就是要求通过手术改变身体,甚至是要冒风险的,那么也只能如此。对于国民来说,手术宣传是那些正在接受训练和关照自我的参加者的生活中的步骤,坚定地拒绝身体成为资本主义全球化阶段的器皿,在媒体的电视空间里形成与身体的新的关系。整容手术这一极端的修饰并不符合加利福尼亚的身份崇拜,正如福柯所理解的那样,人们必须在某种程度上发现或实现总是已经存在的自我的中心,这是真实的最终的自我。而不是像秀的参加者那样通过改变自身来模仿名人或医学上美人形象的外在标准，他们的改变是不可预见的。他们走上了一条没有路标、没有预期目的的路。他们不是在实现自我，获得"真实"的身份，而是在信息机器时代探索做人的可能性。

References：

Andrejevic, M. (2004). Reality TV: The Work of Being Watched. New York: Rowman & Littlefield Publishers.

Appadurai, A. (1996). Modernity at Large: Cultural Dimensions of Globalization. Minneapolis: University of Minnesota Press.

Baudrillard, J. (1983). Simulations. New York: Semiotext(e).

Baudrillard, J. (1993). The Transparency of Evil: Essays on Extreme Phenomena. London and New York: Verso.

Baudrillard, J. (1994). Simulacra and Simulation. Ann Arbor: University of Michigan Press.

Baudrillard, J. (2001). Impossible Exchange. New York: Verso.

Baudrillard, J. (2002). *Telemorphosis*. Ctrl [Space]. T. Levin, U. Frohne and P. Weibel. Cambridge: MIT Press: 480－485.

Baudrillard, J. (2005) "The Violence of the Virtual and Integral Reality". International Journal of Baudrillard Studies Volume, DOI：

Baym, N. K. (2000). Tune In, Log On: Soaps, Fandom, and Online Community. Thousand Oaks:Sage.

Bolter, J. D. and R. Grusin (1999). Remediation: Understanding New Media. Cambridge:MIT Press.

Brecht, B. (1979—1980). "On Radio." Screen 20(3—4): 19.

Cumberland, S. (2003). Private Uses of Cyberspace: Women, Desire, and Fan Culture. Rethinking Media Change: The Aesthetics of Transition. D. Thorburn and H. Jenkins. Cambridge:MIT Press: 261—279.

Enzensberger, H. M. (1982). "Constituents of a Theory of Media". Critical Essays. New York, Continuum.

Foucault, M. (2005). The Hermeneutics of the Subject: Lectures at the Collège de France, 1981—1982. New York, Palgrave.

Foucault, M., P. Rabinow, et al. (1997). Ethics : Subjectivity and Truth. New York:New Press.

Friedman, J., Ed. (2002). Reality Squared: Televisual Discourse on the Real. New Brunswick: Rutgers University Press.

Hay, J. (2003). Unaided Virtues: The (Neo)Liberalization of the Domestic Sphere and the New Architecture of Community. Foucault, Cultural Studies, and Governmentality. J. Bratich, J. Packer and C. McCarthy. Albany, SUNY Press: 165—206.

Hayles, K. (2005). My Mother Was a Computer: Digital Subjects and Literary Texts. Chicago, University of Chicago Press.

Jones, A. (1998). Body Art/Performing the Subject. Minneapolis, University of Minnesota Press.

Lury, C. (1998). Prosthetic Culture: Photography, Memory and Identity. New York, Routledge.

McCarthy, A. (2001). Ambient Television: Visual Culture and Public Space. Durham, Duke University Press.

McLuhan, M. (1964). Understanding Media: The Extensions of Man. New York, McGraw–Hill.

Murray, S. and L. Ouellette (2004). Introduction. Reality TV: Remaking Television Culture. L. Ouellette and S. Murray. New York, New York University Press: 1–15.

O'Bryan, J. (2004). Carnal Art: Orlan's Refacing. Minneapolis, University of Minnesota Press.

O'Leary, T. (2002). Foucault and the Art of Ethics. New York, Continuum.

Poster, M. (1995). The Second Media Age. Cambridge, Blackwell.

Sobchack, V. (2004). Carnal Thoughts: Embodiment and Moving Image Culture. Berkeley, University of California Press.

Spigel, L. (1992). *Make Room for TV: Television and the Family Ideal in Postwar America.* Chicago, University of Chicago Press.

Weber, B. (2005) Beauty, Desire and Anxiety: The Economy of Sameness in ABC's *Extreme Makeover.* Genders Online Journal Volume, DOI:

Wills, D. (1995). *Prosthesis.* Stanford, Stanford University Press.

  我非常感谢加利福尼亚大学人文研究院召开的"媒体研究的对象"研讨会,这篇论文的初稿在这一场合得到了讨论和评述。这一讨论的参加者有玛丽·戴斯加尔丁(Mary Desjardins)、瑞福德·奎恩斯(Raiford Guins)、阿米利亚·哈斯提(Amelie Hastie)、恩古因·坦·豪昂(Nguyen Tan Hoang)、卢拉·哈恩(Laura Hyun)、颐康(Yi Kang)、卡特·芒德洛斯(Kate Mondloch)、莉萨·帕克斯(Lisa Parks)和马克·威廉姆斯(Mark Williams)。

译 后 记

让·波德里亚自从20世纪90年代登陆中国大陆以来,学术界给予了持续的介绍和研究。随着中国现代化进程的日益加快,现代性和后现代性作为一种社会文化现象和理论话语,已经成为我们身边越来越绕不开的问题和话题。西方在上世纪60年代以来所面临的种种挑战,在今天的中国大有重演之势。正是在这一意义上,波德里亚当时针对西方现实所提供的一系列思考,尤其是他的批判发达资本主义的理论方案和实施路径,在当今的中国显示出应有的理论价值和实践意义。

这本小册子可以说是波德里亚研究的一个新成果。它的特点是写作者都是活跃在西方学术界的重量级学者,他们对波德里亚的思想进行了结合当下现实和理论状况的多方面考察,文章长短不一,视野开阔,观点新颖,阐释得当,多视角、多侧面地呈现出一个颇具新鲜面孔的波德里亚。应该说,这是一部值得翻阅的研究波德里亚的最新文献。

　　据我所知,这本小册子是由河南大学省特聘教授金惠敏博士、新加坡国立大学的瑞安·毕晓普博士和河南大学出版社的张云鹏总编辑一起策划的。2007年9月,我应邀参加了由金惠敏研究员主持召开的一个专门研讨波德里亚的座谈会。这次座谈会可以说是本书编辑和翻译工作的正式启动仪式。

　　作为英文编者,毕晓普博士约请作者撰写了这些文章。我在翻译的过程中得到了毕晓普博士和金惠敏研究员的大力支持。金惠敏先生的动员和鼓励打消了我的畏难情绪。毕晓普博士就翻译中我所提出的问题给予耐心而细致的解答。河南大学出版社的责任编辑武新军先生仔细审读了全部译稿,并提出了宝贵的意见,他的细致和鼓励也使我获得更多的信心。同时感谢河南大学出版社张云鹏总编辑对我的信任。

　　翻译是一件难事,尽管本人努力为之,但错误恐怕在所难免,敬请学界同人大力批评指正。

译者
2008年3月于京北回龙观